정치,
역사를 만나다

정치,
역사를 만나다

– 역사에 정도(政道)를 묻다

한국사마천학회 김영수 지음

창해

역사공부는
'역사의 법정'에 서는 행위이다

　이 책은 역사를 통해 정치와 정치가가 나아가야 할 바른길을 제시하고자 했다. 역사는 지금 우리에게 벌어지고 있는 정치에서의 여러 문제점을 진단하고 파악하고 해결할 수 있는 길을 알려준다. 수천 년 인간의 역사가 곧 정치의 역사였기 때문이다. 따라서 역사를 바로 볼 수 있는 눈을 뜨면 정치의 모든 부분에서 일어나는 문제점들을 정확하게 파악할 수 있다.

　역사는 인간 활동의 총화이다. 정치는 인간 활동의 집약이다. 집약된 활동이 모여 총화가 되고, 그 총화가 곧 역사이다. 따라서 정치는 역사의 가장 중요한 부분이며, 그 부분이 바로 작동해야 역사가 제 길을 찾는다. 역사는 제대로 된 정치를 필요로 하며, 그런 정치를 요구한다.

　역사는 정치를 향해, 정치를 위해 바른길을 요구해왔고, 정치는 역사에서 바른길을 찾아왔다. 역사와 정치는 상호보완적이며 상호비판적인 역할을 알아서 맡고 있다. 역사공부가 필수인 까닭이다.

　서문의 '역사공부는 역사의 법정에 서는 행위이다'라는 제목은 이

책에 실린 15꼭지의 역사 칼럼 소제목들 중 하나이다. 필자가 역사를 공부하면서 뼈저리게 확인한 것들 중 하나가 바로 '역사의 뒤끝'이다. 점잖은 말로 '역사의 심판'이었다. 또 하나는 '역사의 법정에는 공소시효가 없다'는 사실이었다. 다 같은 맥락이다. 이 때문에 대중 강의의 제목으로도 자주 사용하고 있다.

역사의 평가나 심판은 잠시 유보되는 경우는 있지만 그냥 넘어가는 법은 결코 없다. 언젠가는 기록, 기록 이면에 잠겨 있는 진실, 그리고 여러 사람의 기억을 소환하여 평가하고 심판한다. 역사는 소수의 기록이 아니라 다수의 기억이다. 그래서 역사는 그 자체로 뒤끝이다. 역사의 평가와 심판이 두려운 까닭이다. 더욱이 오늘날은 역사가 집단기억으로 남는다. 글은 말할 것 없고 말과 행동조차 온갖 통로로 기록되고 기억되는 시대다. 그것도 수많은 사람들의 집단기억으로. 역사의 평가와 심판이 내려지는 시간이 그만큼 짧아졌다는 뜻이고, 그런 만큼 더 두려워졌다.

이런 점에서 역사공부는 심하게 말해 '역사의 법정에 서는 행위'라 할 수 있다. 다만, 그 법정에서 나는 과연 어떤 역할인가? 이 질문에 대한 답에 따라 역사공부의 방향, 의의, 교훈, 현재와 미래가 달라질 따름이다.

예컨대, 이 법정에서 나를 피고의 입장에 놓을 것인가, 원고의 위치에 설 것인가, 재판관이 될 것인가에 따라 과거 역사를 보는 관점, 현실에 대한 인식, 미래에 대한 책임감이 정도는 차이는 있어도 달리 나올 수 있다. 물론 그 역할을 수시로 바꾸어 보아야 할 것이다. 역사공부는 과거를 통해 지금 나의 모습을 비추어보고, 이를 가지고 미래의 방향을 설정하는 반드시 필요한 자기점검의 행위이기도 하다. 역사는 현재를 비추는 거울이고, 미래의 방향을 가리키는 나침반이다.

그럼에도 불구하고 우리 사회의 지도층, 특히 수구 기득권층은 '역사의 뒤끝'이나 '역사의 법정'에는 전혀 아랑곳하지 않는다. 왜냐하면 그들 대부분이 공부하지 않기 때문이다. 인문학 공부는 특히 외면한다. 그러니 역사공부를 할 리가 없다. 설사 역사책을 읽고 인문학을 접해도 제대로 읽고 접하지 않는다. 듣고 싶은 것만 듣고, 보고 싶은 것만 보고, 자기 하고 싶은 말만 한다. 무엇이 되었건 자기에게 좋은 것만 고집한다.

그들은 자신들이 가진 기득권이 모든 것을 지켜 준다고 철석같이 믿고 있다. 그러니 역사의 평가니 심판이니 운운은 남의 집 이야기다. 무엇보다 그들은 부끄러움을 모른다. 그러니 역사의 경고니 심판이니 하는 말에 두려워할 까닭이 없다. 이들은 또 탐욕스럽다. 사리사욕은 기본이다. 이를 충족시키기 위해 못할 짓이 없다. 부끄러움을 모르기 때문에 서슴없다.

그렇다고 해서 역사의 경고와 심판에 관한 이야기를 포기할 수는 없다. 역사의 뒤끝이 얼마나 무서운지 실감나게 전해서 실낱같은 희망이라도 잡아당겨 보아야 한다. 만에 하나 역사의 경고에 귀를 기울여 행여 개과천선하거나 최소한 나쁜 짓만이라도 멈춘다면 그만큼 우리 사회에 희망이 생기기 때문이다.

특히, 경계선에서 왔다 갔다 하는, 정치에서 말하는 중도층을 고려한다면 역사 이야기는 상당한 의의를 가질 수 있다. 일부라도 좋은 쪽, 옳은 쪽으로 넘어온다면 우리 역사는 새로운 단계와 경지로 접어들 수 있는 작지만 든든한 디딤돌 하나를 얻을 수 있기 때문이다. 책의 제목을 '정치, 역사를 만나다'로 잡고 부제목으로 '역사에 정도(政道)를 묻다'로 잡은 까닭이다. '정도'를 바를 '정(正)' 자의 '정도(正道)'가 아닌 정치(政治)의 '정(政)' 자를 쓴 것도 같은 맥락이다. 정치라는 단어 자체에 바를 '정' 자가 들어 있다. '역사에 정치의 바른길을 묻다'는 뜻이 되겠다.

2024년 7월 2일, 한 정당이 그 전날 국회 운영위원회에 나온 대통령실 관계자들의 한심하고 무책임하고 후안무치한 언행을 보고는 유명한 '지록위마(指鹿爲馬)'라는 사자성어를 인용하여 이자들의 수작을 비판했다. 이 '지록위마' 이야기는 이 책에 아주 상세히 소개되고 분석되어 있다. 놀라운 사실은 필자가 쓴 이 글의 내용이 글을 쓴 지 10년이 지난 지금 상황과 판박이라는 점이다. '역사의 데자뷔'를 실감하지 않을 수 없었다. 이 원고를 살려서 책으로 내봐야겠다고 마음먹고, 책 제목을 '정치, 역사를 만나다'로 잡은 결정적이고 아주 순간적인 계기였다.

이 책은 2015년부터 2016년 3월까지 월간 〈신동아〉에 14회 연재된 글을 정리한 것이다. 주로 당시 정치, 외교, 사회적 상황을 과거 중국 역사에서 등장했던 상황과 대비시키고, 이를 통해 유익한 교훈과 통찰력을 얻고자 하는 취지로 집필되었다. 이 원고를 기본으로 하되 현재 시점에서도 이해할 수 있게 문장 일부를 다듬었다. 마지막 글 '정치와 정치가의 언어(言語) - 유머와 언격(言格)'은 이번에 새로 써서 보탰다.

10년 전 당시의 엉망이었던 국정상황과 오만방자했던 당시 집권 여당을 빗대어 간접적으로 비판적 내용이 많다. 지금 상황과는 딱 들어맞지 않을 수 있지만, 2024년 지금 이 정부와 집권 여당의 행태를 보면 어쩌면 이렇게 달라진 것이 없을까, 아니 어떻게 그때보다 더 나빠질 수 있을까 하는 탄식이 절로 나온다. 여기에 청산되지 않은 적폐 세력들과 기레기 언론의 준동은 여전하고, 또 이들을 청산해야 할 역사적 당위성이 있기 때문에 시의(時宜)에서 크게 벗어나지는 않을 것이다. 어떤 글들은 지금 상황에 더 어울린다. 독자들께서는 진지하고 제법 긴 '역사 칼럼'이라 생각하고 읽어 주시면 좋겠다.

가능한 쉽게 쓰려고 애를 썼고, 독자들을 위해 충분한 사진과 도면을 넣어 이해를 돕고자 했다. 당시 특정한 상황에 맞춘 글들이기 때문에 이번에 정리하면서 일반적 상황에 맞게 원고를 부분적으로 고쳤다. 역사적 사례를 들기 위해 활용한 가장 중요한 자료는 필자의 전문 분야인 사마천(司馬遷)의 《사기(史記)》이며, 역사공부를 하면서 만들어 놓은 이런저런 자료들을 함께 활용했다.

이 책은 역사와 리더십, 역사와 정치, 역사와 언론에 관한 이전

몇 권의 책들, 이를테면 《성공하는 리더의 역사공부》, 《리더의 망치》, 《리더와 인재》와 이 책에 이어 나올 《리더십 학습노트》(가제)와 비슷한 성격이다. 다만, 하나의 주제를 보다 깊게 분석하여 그 의미와 교훈 및 통찰력을 얻는 데 중점을 두었다. 이 책과 함께 앞서 나온 책들을 읽으면 좀 더 쉽고 빠르게 역사가 선사하는 두 가지 선물을 얻을 수 있다.

필자는 대중을 대상으로 역사 강의를 하면서 '역사가 주는 선물 두 가지'를 많이 강조한다. 역사책을 읽는 사람들에게 역사가 주는 아주 귀한 선물을 말한다. 그 하나는 '상황대처 능력'이다. 수많은 경우의 수로 점철되어 있는 역사를 많이 읽고 '만약(IF)'과 '왜(WHY)'란 질문을 통해 다양하게 당시 상황을 시뮬레이션하면 자연스럽게 자신과 주위에서 발생하는 상황에 적절하게 현명하게 대처하는 능력이 길러진다. 또 하나는 '미래 예견력'이다. 사마천은 '술왕사(述往事), 지래자(知來者)', 즉 '지난 일을 기술하여 다가올 일을 안다'는 말로 역사의 미래 예견력을 2천 년 전에 정확하게 인식했다. 상황대처 능력이 한 단계 진보하면 자연스럽게 미래 예견력으로 업그레이드된다. 아무쪼록 이 책에 실린 15편의 역사 칼럼을 통해 역사가 주는 교훈과 통찰력, 그리고 미래 예견력을 확인할 수 있길 희망해본다.

2020년 2월 23일(일) 다시 읽기 시작하고 3월 7일(토) 23:27 일부 고쳐 쓰다.
2024년 7월 2일(화) 13:56 다시 읽고 마무리 작업에 들어가다.

정치권력 구조에서 2인자에 해당하는 '재상'은 최고 권력자 1인자와의 관계와 관련하여 많은 것을 생각하게 만드는 매우 정치적인 단어이다. 수천 년 역사의 권력구조에서 늘 2인자였던 '재상', 지금의 국무총리란 존재의 현재적 의미에 대해 생각해본다. 과연 옛말처럼 '가슴에 배 한 척이 들어가고도 남는' 그런 재상은 꿈일까?

정권의 정통성이 취약하거나 권력이 흔들릴 때, 못난 정권이 일쑤 들고나오는 정치적 카드로 비리와 부패 척결이란 것이 있다. 이때 앞장서는 주구(走狗)들이 있다. 대개 폭력기구인 군, 경찰, 검찰, 판사들이다. 그런데 각종 비리와 부패를 척결하기 위한 전제조건은 사실 무엇보다 이들부터 손보는 것이다. 개혁가 상앙(商鞅)은 "법이 제대로 집행되지 않는 것은 위에서부터 법을 어기기 때문이다"라고 진단했다. 딱 우리를 겨냥한 지적이다.

이른바 '정경유착(政經癒着)'이란 단어는 매우 혐오스러운 뜻을 담고 있다. 2천 수백 년 전 중국에서 있었던 정경유착 사례와 10년 전에 있었던 우리의 사례를 비교해보았다. 두 사례의 결과는 유착의 크기가 문제가 아닌, 야망을 실현하는 과정에서의 수단과 방법, 그리고 무엇보다 인간관계를 통찰하는 안목의 차이를 잘 보여주고 있다.

권력자 1인에게 모든 권력이 집중되어 있었던 왕조체제나 국민들이 투표로 뽑는 민주체제나 권력자가 시원찮으면 어떤 견제장치도 별 힘을 쓰지 못한다는 침통한 사실을 수시로 뼈저리게 확인하면서도 같은 시행착오를 반복하는 이 현실이 당혹스럽다. '한 나라의 흥망은 보통 사람 책임'이라는 고염무의 경고가 귓전을 때리지만 그마저도 허망하게 들리는 지금이다.

05
지록위마(指鹿爲馬)의 정치

- 저급한 정치 술수의 역사적 데자뷔
89

2천 수백 년 전 '지록위마'라는 정치 술수만한 스테디셀러는 없다. 하지만 '지록위마'는 마치 마약처럼 한순간 반짝 효과를 내지만 최후는 언제나 비참했다. 지금 정권과 수구 정당이 또 비극을 향해 올인하고 있다. 이번 비극은 지난 비극보다는 한결 코미디에 가까울 것 같기는 하다. '역사의 데자뷔'를 수시로 경험하지만, 마르크스의 말대로 한 번은 비극, 한 번은 그 비극조차 비웃은 희극이 아닐까?

06
아부(阿附)의 기술, 아첨(阿諂)의 정치

- 타락한, 타락하는 정치판의 ABC
107

차원 높은 고급 정치에서 구사되는 기술들은 정교하고 치밀하며 법과 규칙에서 벗어나지 않는다. 그 사이를 아슬아슬하게 줄타기를 할지언정 결코 나쁜 쪽으로 선을 넘지 않는다. 이것이 고도의 정치술이다. 그러나 썩은 정치판에는 이런 고급스러운 기술이 없다. 그 판에서 노는 자들이 썩어 있기 때문이다. 지금 우리 정치판에서 수구 정당 하나가 소멸의 길을 걷고 있다. 결과는 해피엔딩일 것이다. 소멸되어 가는 쪽에 횡행하고 있는 아부의 기술들만 모아보았다.

외교는 예술에 가깝다. 서로의 기(氣)가 부딪치고 수준 높은 언어가 교환된다. 상대의 심기를 헤아리기 위한 눈치가 필요하고 고도의 책략이 구사된다. 외교책략은 가장 차원 높고 수준 높은 '지혜의 총화(總和)'에 다름 아니다. 그리고 이 모든 것을 가능케 할 또 하나의 조건은 우리의 책임 있는 선택이다. 외교의 시대라 할 수 있는 춘추전국 시대의 유세가, 즉 국제 전문 외교가들의 행적을 살펴보았다.

역사상 가장 치열하고 흥미진진했던 초한쟁패의 두 주인공 항우와 유방의 운명을 바꾸어 놓은 역사적 술자리 '홍문(鴻門)의 술자리'가 있었다. 이 술자리는 항장이 범증(항우의 묵인 하에)의 지시로 패공(유방)의 죽이려던 장면이 '항장무검, 의재패공'이란 성어로 표현되어 2천 년 넘게 인구에 회자되었다. 박근혜 정권 당시 사드(THADD) 배치 문제가 불거졌다. 당시 중국의 외교부장(외무부장관) 왕이는 로이터 통신과의 인터뷰에서 이 '항장무검, 의재패공'이란 고사성어를 거론하면서 미국의 의도와 우리의 무모함을 꼬집었다.

중국 외교수장이 공식적으로 언급한 이 고사에는 많은 의미가 함축되어 있다. 그 함의를 읽어내고 제대로 이해할 수준을 우리는 갖추었는가? 그 수준이 고스란히 사드 사태의 결과에 압축되어 나타난 것으로 보인다. 시간을 2천여 년 전으로 되돌려 그때 홍문연에서 일어난 사건의 경위를 자세히 살펴봄으로써 역사를 흥미롭고 제대로 읽어 낼 수 있는 힘의 필요성을 느꼈으면 한다. 이런 힘을 장착한다면 한·중 관계에서 일어날 수 있는 다양한 변수에 슬기롭게 대처할 수 있을 것이다.

'민심을 얻는 자가 천하를 얻는다'는 다소 진부한 이 명언을 부정할 수 있는 사람은 없다. 문제는 그 민심의 주체인 우리다. 나라와 후손의 미래가 달린 중대한 결정을 내릴 때마다 망국적인 지연 따위에 홀려 나쁜 선택을 하기 때문이다. 모든 권력은 우리들에게서 나온다. 책임도 우리가 져야 한다. 나쁜 선택에는 더 큰 책임이 따른다. 그런데 그 책임을 나 몰라라 하는 우리가 생각보다 많고, 그 때문에 나쁜 정치가들이 아래로 내려오지 않고 위에 달라붙어 민심을 농락하며 설친다.

11
역사는 그 자체로 뒤끝이다!
– 역사공부는 '역사의 법정'에 서는 행위다
197

역사를 두려워할 줄 아는 자만이 현재에 충실하고 미래를 걱정한다. 역사공부를 하는 사람이 역사의 진정한 승리자가 될 수 있다. 과거는 현재를 비추는 거울이고, 미래의 방향을 제시하는 나침반이다. 역사공부는 그 거울에 현재의 모습을 제대로 비출 수 있는 도구가 되고, 나아가 미래의 방향을 정확하게 제시할 수 있는 자력(磁力)이 된다. 역사공부는 '역사의 법정'에 서는 신성한 행위이기도 하다.

12
'사필소세(史筆昭世)'
– 역사가의 붓이 세상을 밝힌다
215

과거 역사가의 붓이 세상과 인간의 올바른 방향을 밝혔듯이 이제 집단지성은 그 자체로 역사이자 역사가가 되어 인류의 앞길을 밝힐 수 있게 되었다. 과거 소수의 역사가들이 짊어졌던 책임감보다 더 엄중한 책임감을 다 함께 짊어져야 할 것이다. 역사의 중요성과 역사공부의 필요성, 역사평가의 삼엄함이 더 심각해진 시대이다.

과거 왕조체제에서 절대 권력자의 자질에 대한 백성의 요망과 오늘날 지도자의 자질에 대한 요구 사이에는 본질적으로 차이가 없다. 이런 점에서 과거나 지금이나 '나라를 망치는 데는 어리석은 권력자 하나면 충분하다'는 명제 또한 여전히 유효하다. 역사상 나라를 망친 권력자들의 행태와 지금 나라를 망치고 있는 권력자의 행태는 하나 다를 것 없이 판박이다. 이 또한 '역사의 데자뷔'다.

그 원인도 2016년 당시와 크게 다르지 않다. '불통'이 역시나 맨 앞에 자리 잡고 있다. 거기에 더해 패거리 정당의 간신들인 '정간(政奸)'과 검찰의 간신들인 '검간(檢奸)'까지 가세하여 나라를 망치고 있어 문제의 심각성이 더하다. 머지않아 끝장은 나겠지만 그동안 망가진 나라, 피폐해진 국민들의 생활과 정신을 어떻게 회복시킬 것인가? 많은 걱정이 앞선다. 하지만 지금은 떨치고 일어나 하루 빨리 또 한 번 쫓아내야 할 때다. 소통의 중요성과 심각성을 다룬 글이다.

15
정치와 정치가의 언어(言語)

- 유머와 언격(言格)

265

언어의 격, 즉 '언격(言格)'이 '인격(人格)'이라는 말을 자주 한다. 하는 말을 들으면 그 사람의 인격을 짐작할 수 있고, 나아가 그 인격을 판단할 수 있기 때문이다. 그렇다면 '언격'도 성공한 정치가의 공통점들 중 하나가 될 법하다. '언격'은 어떻게 갖추어지는가? 당연히 공부를 통해서이다. 특히 역사공부를 비롯한 인문학 공부는 필수다. 깊이 있는 공부에서 나오는 '언격'은 결국 '인격'과 '품격'을 결정한다. 그리고 그 '언격'에는 수준 높고 차원이 다른 유머가 포함되어 있다. 유머와 언격에 관한 이야기를 해본다.

政

治

정치, 역사를 만나다

01

일인지하,
(一人之下)
만인지상
(萬人之上)

재상(宰相)의 현재적 의미

정치권력 구조에서 2인자에 해당하는 '재상'은 최고 권력자 1인자와의 관계와 관련하여 많은 것을 생각하게 만드는 매우 정치적인 단어이다. 예컨대 유능한 1인자와 유능한 2인자, 무능한 1인자와 유능한 2인자, 유능한 1인자와 무능한 2인자, 무능한 1인자와 무능한 2인자의 경우의 수가 있기 때문이다.

이 경우의 수들 중 가장 바람직한 관계는 당연히 둘 다 유능한 경우일 것이다. 그러나 이 조합은 1인자의 뛰어난 안목, 즉 유능한 2인자를 택할 수 있는 안목을 전제로 한다. 무능한 1인자라면 2인자가 유능하건 무능하건 조합의 결과는 최악이다. 유능한 1인자에 무능한 2인자의 조합은 발생하기 어렵다. 적어도 인사권이 1인자에게 있는 한. 이런 점들을 염두에 두고 수천 권력구조에서 늘 2인자였던 '재상', 지금의 국무총리란 존재의 현재적 의미에 대해 생각해본다.

재상이란?

지금으로부터 약 2,200년 전 항우(項羽)와 유방(劉邦)이 천하 패권을 다투던 초한쟁패(楚漢爭覇)의 와중에 유방이 위기에 처할 때마다 절묘한 계책을 내어 난관을 헤쳐나가게 도왔던 진평(陳平, ?~기원전 178)이란 인물이 있었다. 그래서 그에게 붙은 별명이 지낭(智囊), 즉 꾀주머니였다. 우리말로 하자면 꾀돌이였다. 그리고 그는 그저 그런 꾀돌이가 아니었다.

진평은 젊어서부터 포부가 대단했다. 젊은 날 한번은 마을 제사에서 제사가 끝난 다음 사람들에게 고기를 나누어주는 일을 맡은 적이 있었다. 진평은 정말이지 모두에게 공평하게 고기를 잘 나누어주었고, 마을 사람들은 모두 그를 칭찬했다. 여기서 '진평이 고기를 나누어 준다'는 '진평분육(陳平分肉)'이란 유명한 고사성어가 나왔다. 일을 아주 공평하게 처리하는 것을 비유하는 고사성어이다.

동네 어른들이 모두 진평을 칭찬했지만 진평은 그 칭찬들이 그다지 마음에 안 들었던지 한숨을 내쉬면서 이렇게 말했다고 한다.

"이 진평에게 천하를 나누라고 해도 고기를 나누듯 그렇게 공평하게 잘 나눌 수 있을 터인데!"

"사평득재천하(使平得宰天下), 역여시육의(亦如是肉矣)!"

자신은 마을 제사에서 고기나 나누고 있을 사람이 아니라는 자기 신세를 한탄하는 말이기도 하고, 천하의 일을 맡겨도 얼마든지 잘 처리할 수 있다는 자부심이 함께 묻어나는 탄식이기도 했다.

진평이 당시 마을 제사에서 맡았던 고기 나누는 일을 '주재(主宰)'라고 한다. '고기 나누는 일을 주관'한다는 뜻이다. 재상(宰相)이란 단어에서 '재(宰)'는 본래 고기를 고루 나눈다는 이 글자의 뜻에서 기원한다. 제사에서 고기를 고루 공평하게 잘 나누듯이 나라 일도 그렇게 공평하게 잘 처리하는 자리가 바로 재상 자리라는 것이다.

동네 제사에서 진평이 고기를 나누는 모습을 그린 〈진평분육도〉.

다음 글자인 '상(相)'은 '돕다, 보좌하다'라는 뜻이다. 합쳐 보자면 제왕을 도와, 또는 보좌하여 천하의 일을 주재하는 자리가 바로 재상이다.

꾀돌이 진평은 유방이 항우를 물리치고 한나라를 건국하자 일등공신의 반열에 올랐고, 소하(蕭何)와 조참(曹參)을 거쳐 여태후(呂太后) 때 마침내 자신이 호언장담한 대로 천하의 일을 주재하는 재상(당시 명칭은 승상丞相) 자리에 올랐다.

여태후 집권 때 진평은 공신들에 대한 여태후의 감시와 박해를 피하기 위해 늘 술과 여자를 가까이했다. 이렇게 자신을 숨겨 여태후의 경계를 늦추었다. 그리고 여태후가 죽자 바로 여씨 세력들을 소탕한 다음 문제(文帝)를 추대를 추대하여 주발(周勃)과 공동 재상자리를 맡았다.

문제는 덕정(德政)과 인정(仁政)으로 정국을 안정시켜 나갔고, 이로써 한나라는 정권 초기에 흔히 나타나는 병목 위기를 극복할 수있었다. 하루는 문제가 조회 석상에서 우승상 주발에게 1년에 형사 사건으로 판결하는 건수가 얼마나 되냐고 물었다.

주발은 당황하며 모른다고 대답했다. 이어 문제는 1년의 재정 수

입과 지출 상황을 물었다. 주발은 이 질문에도 답을 하지 못하고 우물쭈물 식은땀을 흘렸다.

문제는 좌승상 진평에게도 같은 질문을 던졌다. 진평은 전혀 당황하지 않고 "그건 담당하는 관리가 따로 있습니다."라고 대답했다. 문제가 담당 관리가 누구인지를 묻자 진평은 "폐하께서 형사 사건 판결이 궁금하시다면 정위(廷尉)에게 물으시면 되고, 재정이 궁금하시다면 치속내사(治粟內史)에게 물으시면 됩니다."라고 답했다.

문제는 고개를 갸우뚱하며 "그렇다면 재상이 하는 일은 무엇이오?"라고 물었다. 진평은 문제에게 절을 하며 이렇게 말했다.

"황공하옵니다! 폐하께서 어리석은 신에게 재장 자리를 맡겨 주셨습니다. 무릇 재상이란 위로는 천자를 보좌하며 음양을 다스려 사시(四時)를 순조롭게 하고, 아래로는 만물이 제때에 성장하도록 살피며, 밖으로는 사방 오랑캐와 제후들을 진압하고 어루만지며, 안으로는 백성들을 가까이 따르게 하며, 경대부(卿大夫)로 하여금 그 직책을 제대로 이행하게 하는 것입니다."

진평의 이 대답에 문제는 칭찬을 아끼지 않았다. 우승상 주발은 크게 부끄러웠다. 주발은 조회에서 물러나온 다음 진평을 원망하며 "그대는 어째서 내게 진작 가르쳐 주지 않았소?"라며 볼멘소리를 했다.

진평은 웃으면서 "그대는 승상의 자리에 있으면서도 승상의 임무를 모르시오? 만약 폐하께서 장안(長安)의 도적 수를 물으셨다면 그대는 억지로 대답하려고 하였소?"라고 핀잔을 주었다.

주발은 자신의 능력이 진평에 훨씬 못미침을 깨닫고는 병을 핑계 삼아 재상의 자리를 내놓았다. 이로써 진평은 유일한 재상이 되었다.

재상이 하는 일이 무엇이냐는 문제의 물음에 대한 **진평의 답은 기록상 재상의 직무에 대한 최초의 정의**가 아닐까 싶다. 이로써 재상의 역할과 직무의 대강이 잡힌 것이다.

역대 명재상들

중국 역사에서 재상에 해당하는 자리가 생긴 이래로 약 80개 왕조에 1천 명이 넘는 재상이 있었다는 통계가 있다. 이들 재상들 중 재상 본연의 직무를 훌륭히 수행한 사람들을 '**명재상(名宰相)**'이라 부르는데 엄격한 구분은 아니지만 대체로 다음 몇 가지 유형으로 나눈다.

첫째, 개혁 혁신형 재상으로 전국시대 최고 개혁가로 꼽히는 상앙(商鞅)을 비롯하여 송나라 때 신정(新政)을 주도한 왕안석(王安石), 명나라 때의 개혁 재상 장거정(張居正) 등이 대표적이다.

둘째, 최고 통치자에게 바른말을 잘하는 직간형으로 삼국시대 촉한의 제갈량(諸葛亮)과 당나라 태종 때의 위징(魏徵)을 비롯하여 청나라 때의 범문정(范文程), 저 멀리 하나라 때의 관용봉(關龍逢), 은나라 때의 비간(比干) 등을 들 수 있다.

셋째, 곧은 절개를 지킨 절개형으로 원나라에 나라가 망했음에도 끝까지 투항하기를 거부하다 죽은 남송의 문천상(文天祥), 망한 명나라를 끝까지 지키려 했던 육수부(陸秀夫)와 사가법(史可法) 등이 대표적인 인물들이다.

넷째, **경륜형 재상**으로 춘추시대 제나라를 부국강병으로 이끈 관중(管仲, ?~기원전 645)이 대표적이

당 태종 때의 명재상 위징은 직간의 대명사였다. 그가 죽자 태종은 자신의 언행을 바로잡아 주던 거울 하나를 잃었다며 통곡했다. 초상화는 위징이다.

다. 정치적으로는 이 유형이 가장 이상적이다.

관중의 이야기를 좀 더 해본다. 관중은 제나라 군대를 최강으로 만들었을 뿐만 아니라 특히 제나라 백성들을 경제적으로 부유하게 만드는 '부민(富民)'을 실현하여 역대 재상들 중에서도 가장 높은 평가를 받는다.

그가 남긴 "창고가 넉넉해야 예절을 알고(창름실이지예절倉廩實而知

禮節), 입고 먹는 것이 넉넉해야 명예와 치욕을 안다(의식족이지영욕衣食足而知榮辱)"는 명언은 2,600년이 넘어 지난 지금도 많은 사람의 입에 오르내리고 있다.

관중은 그 자신도 대단히 부유하여 그 정도가 임금이었던 환공(桓公)을 능가할 정도였다. 이때문에 공자(孔子)는 관중의 호화로운 생활을 비난하기까지 했다. 하지만 제나라 백성들 누구도 관중을 비난하거나 욕하지 않았다고 한다. 누릴 자격이 있다고 인정했기 때문이다. 백성을 모두 부유하게 만드느라 죽을 때까지 40년 이상을 나라에 봉사했던 관중을 누가 나무랄 수 있겠느냐는 것이었다.

직간형 재상 제갈량(181~234) 이야기도 좀 더 해보자. 제갈량은 역사적으로 시공을 초월하여 큰 존경을 받고 있으며, 특히 중국인들이 가장 사랑하는 명재상이다. 재상으로서 제갈량은 '삼공(三公)'으로 상징되는데, 공개(公開), 공평(公平), 공정(公正)이 바로 그것이다.

제갈량은 모든 정책을 공개적으로 논의했다. 공개한 이상 공정하게 처리할 수밖에 없고, 공정하게 처리했으니 공평질 수밖에 없었다. 제갈량은 법가(法家) 사상의 영향을 받아 상벌을 엄격하게 집행했다. 하지만 그의 법 집행 역시 '삼공의 원칙'에 입각하여 처리되었다. 이 때문에 제갈량이 상을 내리면 어느 누구도 시기하거나 질투하지 않았으며, 그가 벌을 내려도 누구 하나 그를 원망하지 않았다.

중국인들은 그들이 가장 사랑하는 또 한 사람의 재상 주은래(周恩來, 1898~1976) 전 총리가 죽자 '국궁진력(鞠躬盡力)'이란 네 글자로 그의 죽음을 애도했다. '국궁진력'은 제갈량이 출정에 앞서 후주(後主) 유선(劉禪)에게 바친 〈후출사표(後出師表)〉에 나오는 말이다.

제갈량은 이 글에서 "신은 죽을 때까지 있는 힘을 다할 것입니다."라며 비장한 결의를 표시하고 있다. 전후 두 편의 '출사표'는 역대 문장들 가운데서도 명문으로 꼽히는데, 제갈량의 인간됨과 충정을 이보다 더 잘 나타내주는 글은 없다는 평이다.

제갈량은 〈출사표〉에서 자신의 재산을 공개했다. 얼마 되지 않은 재산이나마 자신의 생계를 유지하기에 부족함이 없다며 자신은 오로지 촉과 백성들을 위해 있는 힘을 다할 뿐이라고 했다. 그가 죽은 뒤 집 안을 정리하려고 보니 당초 〈출사표〉를 통해 제갈량 자신이 밝힌 재산에서 한 뼘의 땅도 단 한 푼의 돈도 늘지 않았다고 한다.

천고의 명재상 제갈량은 중국 역사상 명재상 중에서도 명재상으로 길이 그 이름을 남기고 있다. 명재상의 전형(典型)이었다.

제갈량은 위나라를 정벌하기 위한 북벌에 나섰다가 오장원(五丈原)에서 병사했다. 과로사였다. 그는 자신의 죽음을 예감하고 뒷일까지 대비한 다음 촉나라 군대를 철수시켰다.

제갈량의 충정과 청렴한 정신은 후손에게도 유전되었다. 아들 제갈첨(諸葛瞻)은 후주 유선의 딸과 결혼한 부마라는 귀한 신분이었지만 전투에 직접 참전했다. 위나라 장수 등애(鄧艾)와의 전투에서 포로로 잡혀 고관대작의 회유를 받았으나 이를 거부하고 자결했다. 제갈첨의 아들 제갈상(諸葛尚)도 면죽관(綿竹關) 전투에서 전사했다.

"어진 신하를 가까이하여 중용하고 소인들을 멀리하여 내친 일, 이것이 바로 전한의 고조, 문제, 경제, 무제 시기가 한창 번성하여 잘 다스려졌던 까닭입니다. 소인배를 가까이하여 등용하고 어진 신하들을 멀리하여 내친 일, 이것은 바로 후한의 환제와 영제가 천하를 망하게 한 까닭으로 이를 논하면서 일찍이 환제와 영제를 두고 탄식하며 가슴 아파하지 아니한 적이 없었습니다."(제갈량의 〈출사표〉 중에서)

역사적으로 재상은 1천 명이 넘었지만 명재상은 손에 꼽을 정도에 지나지 않았다. 대부분은 최고 통치자의 눈치나 보는 복지부동(伏地不動)이었고, 무능한 재상은 훨씬 더 많았다. 또 간신에 속하는 재상들도 수두룩했다. 송나라 때 황제와 짜고 명장 악비(岳飛, 1103~1142)를 모함해서 죽인 것은 물론 금나라에 나라를 송두리째 팔아넘기려 했던 진회(秦檜,

1091~1155) 같은 재상은 매국노 재상이었고, 명나라 때 환관으로서 실질적인 재상 역할을 담당했던 위충현(魏忠賢, 1568~1627)은 공안 통치로 백성들을 잔인하게 탄압했던 잔혹형 재상 유형으로 분류할 수 있다.

청나라 건륭제(乾隆帝) 때의 재상 화신(和珅, 1750~1799)은 탐욕의 화신이었다. 그는 재상으로 있으면서 무지막지한 부정부패로 자신의 배를 불린 탐관오리였다. 가경제(嘉慶帝)가 즉위하여 그의 재산을 몰수하여 조사해보니 청나라 18년간의 재정과 맞먹었다고 한다. 그의 부정축재가 어느 정도였는지 상상이 안 갈 정도다. 그가 죽자 항간에서는 '화신이 쓰러지자 가경제가 배불리 먹었다'는 말이 떠돌았다.

해방 후 역대 정권의 국무총리들 중 관중이나 제갈량에 견줄 만한 재상이 있었던가? 아니, 백보 양보해서 청렴하게 무난하게 정권을 이끌었던 재상은 몇이나 될까? 지금 정권의 국무총리는 어떤 유형에 속하는 재상일까? 한숨만 나올 뿐이다.

맹인 재상의 일침

춘추시대 진(晉, 지금의 산서성 지역) 나라에는 음악에 정통한 사광(師曠)이란 악사(樂師)가 있었다. 기원전 6세기 무렵에 활동한 사광은 눈이 보이지 않는 맹인이었다. 관련한 전설을 보면, 태어나면서

맹인 재상 사광의 '오흑론'이 우리에게 던지는 메시지는 통렬하다 못해 가슴 아프다.

부터 맹인이었다는 전설부터 음악에만 전념하기 위해 스스로 자신의 눈을 멀게 했다는 전설까지 다양하다. 여기서 '사광의 귀 밝음'을 뜻하는 '사광지총(師曠之聰)'이란 고사성어가 나왔다.

또 사광이 천 리 밖의 소리까지 들을 수 있다고 해서 '순풍이(順風耳)'란 재미난 단어도 파생되었다. '순풍이'란 '바람을 타고 들려오는 소리도 들을 수 있는 귀'란 뜻이다. '천 리 밖의 일이나 사물을 감지할 수 있을 정도로 밝은 눈'이란 뜻의 '천리안(千里眼)'과 함께 쓰는 경우가 많다. 역사에서는 이런 귀를 가진 사광을 '악성(樂聖)'이라 부르며 존중해왔다.

사광은 음악에만 정통한 사람이 아니었다. 그는 누구보다 박학다식하고 총명했고 또 올곧았다. 이 때문에 수시로 임금의 정책에 자문 역할을 했다. 어떤 기록에는 그가 재상에 해당하는 태재(太宰) 벼슬에 있었다고도 한다.

한번은 당시 진나라 임금이었던 도공(悼公)이 사광에게 눈이 어두운데 어쩌면 그렇게 소리와 음악에 뛰어나냐며 칭찬했다. 그러자 사광은 노기 띤 목소리로 내 눈 어두운 것이 문제가 아니라 임금 어두운 것이 문제라며 유명한 '천하오흑흑(天下五黑黑)' 논리를 설파했다. 즉, '천하에 다섯 가지 어둡고 어두운 것이 있다'는 뜻으로, 임금이 통치를 잘못하는 다섯 가지를 가리킨다. 흔히 줄여서 '오흑론(五黑論)'이라 하는데, 당시 맹인 재상 사광이 말한 오흑론을 한번 들어보자.

첫째, 신하가 뇌물이나 도박, 투기 따위로 유명한데 군왕이 이를 모르는 것입니다.

둘째, 군왕이 사람을 제대로 바르게 기용하지 않는 것입니다.

셋째, 군왕이 어진 사람인지 어리석은 사람인지를 분간하지 못하는 것입니다.

넷째, 군왕이 군대를 자주 사용하여 백성을 힘들게 하는 것입니다.

다섯째, 군왕이 백성들의 삶이 어떤지를 모르는 것입니다.

사광은 맹자(孟子)보다 훨씬 앞서 백성이 귀하고 군주는 가볍다는 '민귀군경(民貴君輕)'을 최초로 주장한 민본주의자이기도 했다. 이런 그였기에 최고 통치자 앞에서 거리낌 없이 그 잘못을 지적할 수 있었다. 지금 우리 통치자는 사광이 말한 '오흑론' 중 몇 개에 해당할까? 다섯으로도 모자란다는 아우성이 귓전을 때린다.

재상의 현대적 의미

재상은 역사적으로 정치 무대에서 줄곧 '일인지하, 만인지상'의 역할을 맡아왔다. 좀 과장해서 말하자면 천하의 안위를 한 몸에 짊어지는 존재였다. 따라서 재상권(宰相權)의 크기는 정치 판국의 안정에 직접 영향을 미치지 않은 적이 없었다. 즉, 재상권이 무겁고 크면 국력이 강했고, 그 반대면 국력이 쇠약했다. 엄연한 역사적 사실이다.

나아가 뛰어난 재상은 최고 통치자의 자질을 보완함과 동시에 통치자의 자질을 완성시켜주는 역할까지 수행했다. 일찍이 상(商)나라 탕(湯) 임금은 이윤(伊尹)이란 인재를 모셔오기 위해 다섯 번이나 청을 드렸다. 유명한 '오청이윤(五請伊尹)'이란 고사다. 다섯 번째는 탕 임금 자신이 직접 마차를 몰고 이윤을 찾았다. 이윤은 탕 임금의 정성에 감복하여 탕을 보좌하여 하(夏)나라를 멸망시키고 상나라를 세우는 데 결정적인 역할을 했다.

요리사이기도 했던 이윤은 탕 임금에게 요리를 가지고 통치의 이치를 설파했고, 탕 임금은 이윤의 도움을 받아 훌륭한 명군으로 그 이름을 역사에 남길 수 있었다. 이윤은 중국 역사상 최초의 명재상으로 그 이름을 남기고 있다.

역대 정권에서 거의 예외 없이 논란이 끊이지 않는 국무총리 지명 과정을 보면서 재상의 역할과 자격 등을 생각하게 된다. 총리(재상) 후보자의 자격을 비롯하여 실질적으로 총리가 행사할 수 있는 권력을 제대로 행사할 수 있는 존재인가, 통치자가 과연 총리의 역할을 제대로 인식하고 인정하고 그에 맞는 권력을 부여하는가 등등 모든 점들을 다시 곱씹어 보게 된다.

솔직히 지금 우리 현실이 수천 년 전 왕조 체제에서 재상이 가졌던 존재감에 훨씬 못 미치는 그런 수준은 아닐까? 이런 의구심을 떨칠 수가 없다.

이와 함께 엄중한 역사적 명제 하나가 가슴에 비수가 되어 박힌다. 역대로 현명한 통치자 밑에 현명한 재상, 즉 성군현상(聖君賢相)은 가능했어도, 못난 제왕 밑에 현명한 재상, 즉 '혼군현상(昏君賢相)은 단 하나도 없었다는 사실, 바로 그것이었다.

그래서였을까? 맹인 재상 사광은 정치를 제대로 하지도 못하면서 잘난 척만 하는 도공 앞에서 '오흑론'으로 그를 질타한 것은 물론 끝내는 자신이 애지중지하는 거문고를 도공을 향해 내던졌다고 한다. 기록에 따라서는 사광이 도공을 거문고로 내리쳤다고도 한다. 깜짝 놀란 도공이 왜 그러냐고 묻자 사광은 누군지 보이지는 않지만 옆에서 어떤 놈(도공)이 헛소리를 하길래 그랬다고 눙을 쳤다. 지금 우리 국민이 사광처럼 거문고로 어떤 놈을 내리칠 만반의 준비를 갖추고 있다. 카운트다운은 시작되었다.

수천 년 왕조체제를 겪은 중국 백성들에게는 늘 세 개의 꿈이 있었다고 한다. 첫째가 밝은 군주를 갈망하는 '명군몽(明君夢)'이요, 둘째는 깨끗한 공직자를 희망하는 '청관몽(淸官夢)'이다. 이 '청관몽'의 주요 대상은 재상을 비롯한 그 아래의 관리들일 것이다.

그리고 '명군몽'도 '청관몽'도 가망이 없을 때 백성들은 어떤 꿈을 꾸었을까? 힘없는 백성들의 마지막이자 세 번째 꿈은 '협객몽(俠客夢)'이었다. 절세의 무공을 지닌 협객이 백성을 괴롭히는 탐관과 어리석은 혼군을 통쾌하게 제거하길 바라는 꿈이었다.

지금 우리 국민들이 갈망하는 꿈은 어떤 꿈일까?

政

政治, 역사를 만나다

02

비리,
부패 척결의
전제조건

법이 제대로 집행되지 않는 까닭

정권의 정통성이 취약하거나 권력이 흔들릴 때, 못난 정권이 일쑤 들고나오는 정치적 카드로 비리와 부패 척결이란 것이 있다. 이때 앞장서는 주구(走狗)들이 있다. 대개 폭력기구인 군, 경찰, 검찰, 법관들이다. 수천 년 전에도 이런 자들이 있었고, 심지어 이들의 행태는 수천 년의 시간을 초월하여 어쩜 그렇게 판박이일까 하는 감탄사를 터뜨리게 한다.

사마천은 2천 년 전에 권력과 권력자의 앞잡이가 되어 법 집행을 편파적으로, 가혹하게, 잔인하게 행사했던 이른바 혹리(酷吏)들의 민낯을 적나라하게 고발한 바 있다. 지금 우리 법 집행 기구와 그곳에 종사하는 자들의 민낯이 끔찍하리만치 발가벗기고 있다. 각종 비리와 부패를 척결하기 위한 전제조건은 이들부터 손보는 것이다. 개혁가 상앙(商鞅)은 "법이 제대로 집행되지 않는 것은 위에서부터 법을 어기기 때문이다"라고 진단했다. 딱 우리를 겨냥한 지적이다.

기획 사정(司正)과 혹리

2015년 박근혜 정권의 황교안 국무총리 지명 때의 일이다. 우여곡절 끝에 임명동의를 통과한 황교안 국무총리는 거창하게 대국민 담화까지 발표해가며 비리와 부패 척결을 공개적으로 앞세웠다. 대대적인 사정을 통해 정국의 주도권을 잡겠다는 의지로 읽혔다.

하지만 실은 집권 3년차 국정 동력이 떨어지고 지지율이 곤두박질 치자 이를 만회하기 위한 청와대의 의중과 구겨진 검찰의 이미지 제고의 필요성이 맞아떨어진 정치술수에 다름 아니었다. 어쨌거나 군을 포함한 정관계와 재계, 그리고 지난 정권 때 벌여 놓은 사업에 대한 칼바람이 불 전망이었다. 그러나 얼마 뒤 터진 최순실의 국정 농단으로 박근혜의 어처구니없는 실정이 만천하에 드러나고, 급기야 탄핵이 되면서 사정은 흐지부지되었다.

역사적으로 비리와 부정부패를 척결하는 데 앞장선 인물들을 사마천은 혹리(酷吏)라는 다소 부정적인 단어로 나타냈는데, 글자 그대로 가혹한 관리란 뜻이다. 《사기(史記)》 제122 **〈혹리열전(酷吏列傳)〉은 이런 지독한 관리들의 행태들을 모아 놓은 독특하고 흥미로운 한 편이다.** 혹리란 오늘날로 보자면 검찰의 검찰청장, 고위직 검사, 판사에 해당하는데, 이들은 주로 권세가, 토호, 상인들을 대상으로 가차 없이 법 집행을 행사했다. 반면 어떤 혹리들은 최고 권력자의 의중을 헤아려 그에 맞는 법 집행을 행사하기도 했고, 나쁜 혹리들은 상인과 결탁하여 법을 빙자하여 법을 어지럽혔다.

역사상 이들이 보여준 행적을 통해 수구 정권이 집권할 때마다 요란을 떨며 벌였던 이른바 기획 사정의 행태를 과거 혹리들이 보여준 그것과 한번 비교해보고자 한다. 미리 밝혀두자면, **권력욕에 사로잡힌 우리 정치 검찰의 행태와 하나 다를 바 없는 모습을 확인하게 될 것**이다.

혹리들의 다양한 행태

사마천이 〈혹리열전〉에 소개하고 있는 혹리들은 20여 명에 이르는데, 지면상 이들을 일일이 소개할 수 없어 보기 좋게 표로 제시해본다.

이름	관직	특징	비고
급암(汲黯)	알자, 도위	직언과 큰 정치, 강직함. 사직지신으로 평가받음.	천자도 예를 갖추게 만듦.
정당시(鄭當時)	태자사인	인재추천, 청렴결백. 급암과 정신적 교류.	5일제 근무의 효시.
질도(郅都)	중랑징	용감, 기개, 공정, 청렴. 보라매라는 별명으로 불림.	경제의 태자 임강왕의 자살 사건으로 처형.
영성(寧成)	낭관	각박, 간교, 상관압도, 부하핍박. 혹리의 전형으로 꼽힘.	거부가 되어 그 권위가 태수를 능가.
주양유(周陽由)	태수	외척 특권. 난폭, 잔혹, 오만방자. 법을 왜곡해서 적용함. 법질서가 더욱 문란해짐.	기시형으로 죽음.
조우(趙禹)	중도관	불고지죄에 해당하는 '견지법(見知法)'으로 법의 집행을 각박하게 만듦.	불고지죄의 효시.
장탕(張湯)	장안현리	판결문의 명수. 황제 심기 파악에 능숙. 탈세 고발법인 '고민령(告緡令)'으로 상인들과 호족들 압박.	어릴 때 쥐새끼 판결. 자살.
의종(義縱)	중랑	강도질, 과감하고 신속한 일처리, 무자비, 청렴. 영성을 처벌하는 악연. 질도를 모범으로 삼음.	지방관 감찰직 '직지(直指)' 벼슬 출현. 기시형으로 죽음.
왕온서(王溫舒)	어사	죄인 살상에 희열을 느낌. 법조문 왜곡으로 권세에 아부. 범죄자 체포수가 미달일 경우 관리를 죽이는 '침명법(沈命法)'을 제정함. 실적 조작이 만연함.	기혈(嗜血) 심리. 자살, 5족 멸족.

38

윤제(尹齊)	어사	직선적 성격. 지나치게 엄하고 가혹하여 관리 통솔에 실패.	원수가 시체를 불태우려 함.
양복(楊僕)	어사	과감하고 흉포함. 윤제를 모범으로 삼음.	고조선 정벌에 참가.
감선(減宣)	어사	어려운 사건 해결. 작은 일에 충실하여 큰일 처리.	자살.
두주(杜周)	정위	신중하여 결단이 느림. 관대해 보이나 냉혹함이 골수에 박힘.	자식들 역시 흉포하고 잔혹함.
풍당(馮當)	촉 태수	포악하고 남을 학대함.	혹리들의 대거 출현과 서한 정치의 난맥상을 드러냄.
이정(李貞)	광한	멋대로 사람의 사지를 찢음.	
미복(彌僕)	동군	톱으로 목을 자름.	
낙벽(駱璧)	천수	억지 자백을 잘 받아냄.	
저광(褚廣)	하동	인명을 마구 살상함.	
무기(無忌)	경조	지독하기가 독사, 흉포하기가 매와 같음.	
은주(殷周)	풍익		
염봉(閻奉)	수형도위	구타, 뇌물 수수.	

　이상 혹리들은 모두 서한 시대의 인물들인데, 초기 강직하고 직언을 잘했던 반듯한 혹리들(급암, 정당시)이 시간이 지날수록, 특히 사마천 당대인 한 무제 때 오면 법을 자의적으로 해석하고 집행하는 것은 물론 각종 악법을 만들어내서 백성들을 못 살게 구는 악질과 저질의 못된 혹리들로 변질되어 가는 과정을 잘 보여주고 있다. 그리고 이들의 특징을 보면 지금 우리가 어디서 많이 보고 들은 것과 판박이다.

　위 표에서 앞 두 인물인 급암과 정당시는 〈혹리열전〉에는 소개되어 있지 않지만 대체로 혹리의 모범으로 꼽는다. 두 사람은 권120 〈급정열전〉에 함께 수록된 인물인데, 바로 앞 편 권119의 좋은 관리들을 다룬 〈순리열전〉에 이어서 〈혹리열전〉으로 넘어가는 과도기적 인물임을 암시하고 있다. 먼저 급암은 강직과 직언의 대명사였다. 사마천은 그의 인품을 이렇게 묘사하고 있다.

"급암은 성품이 거만하고 예의를 갖추지 않아 면전에서 반박을 잘했고, 다른 사람의 과오를 용서할 줄도 몰랐다. 자기와 부합되는 자에게는 잘 대우했지만, 자기와 부합되지 않는 자는 아예 보기조차 싫어했다. 이 때문에 부하 관리들은 그를 따르지 않았다. 그러나 학문을 좋아하고 의협심이 있어 지조를 지키고 평소 행동도 결백했다. 직언하기를 좋아해 여러 번 무제와 대신들을 무안하게 만들었다."

무제는 이런 급암의 강직함에 불편함을 느끼면서도 그를 '사직을 떠받을 신하' '사직지신(社稷之臣)'이라며 공경의 마음을 잃지 않았다. 무제는 평소 자유분방하여 복장을 풀어헤친 채 신하들을 만났는데, 급암이 나타나면 얼른 장막 뒤에 숨어서 의관을 정제한 다음 만날 정도였다. 급암의 존재감이 어느 정도였는지 알 만하다.

정당시 역시 강직 청렴하기로는 급암에 버금갔으나 스타일은 많이 달랐다. 정당시에 대해 사마천은 이렇게 묘사하고 있다.

"정당시는 청렴하며 집안을 챙기지 않았다. 녹봉이나 하사품을 받으면 여러 손님들에게 나누어주었다. 그러나 그가 선물하는 것은 대나무 그릇의 음식물 정도에 지나지 않았다. 또한 조회 때마다 틈나는 대로 무제에게 천하의 훌륭한 사람에 대해서 칭찬을 했다. 그가 지식인 등 부하 관리를 추천할 때에는 항상 진지하고 흥미 있게 그 사람을 칭찬했고, 언제나 자기보다 훌륭한 점을 들었다. 관리의 이름을 부르지 않았고, 부하 관리와 이야기할 때에도 혹시 마음이 상할까 걱정했다.

사마천은 〈혹리열전〉을 통해 관리들의 변질되어 가는 모습을 적나라하게 보여주었다. 그러면서 그에 앞서 급암과 정당시 같은 좋은 관리들을 소개하여 서로 비교하게 만드는 절묘한 안배를 함께 보여주고 있다. 초상화는 급암이다.

또 좋은 이야기를 듣고 그것을 무제에게 전하면서도 늦지 않았나 두려워했다. 산동의 모든 선비들과 여러 손님들은 이 때문에 하나같이 정당시를 칭찬했다."

사마천은 이 두 사람을 같은 열전에 함께 소개한 다음 이들을 이렇게 평가했다.

"급암과 정당시는 구경(九卿)의 지위에 올랐어도 청렴하고 사생활이 결백했다. 이 두 사람이 중도에 파면되어 집이 가난해지자 빈객들은 하나둘 흩어졌다. 군 하나를 통치했으나 죽은 뒤에 남긴 재산이라고는 하나도 없었다.”

사마천은 혹리들을 본격적으로 소개하기에 앞서 급암과 정당시 열전을 안배하여 가장 모범적인 관리 이미지를 먼저 전하면서 이러했던 관리들이 욕심 많은 권력자와 얽혀 어떻게 변질되어 가는 지를 보여주고 있다. 그리고 앞서 언급한 대로 급암과 정당시 이후 이들의 행태에 우리 검찰과 사법부의 모습을 비추어 보면 흥미로운 공통점들을 적지 않게 발견할 수 있다.

걸리면 죽는다, 질도

사마천이 맨 처음 소개한 혹리는 서한 왕조 4대 황제인 경제(景帝) 때의 질도(郅都)라는 인물이다. 질도의 별명은 ‘보라매’란 뜻의 ‘창응(蒼鷹)’이었다. 그만큼 사나왔다. 황제 앞에서 바른 소리 하기로도 유명했다. 급암과 같은 직언 스타일이었다. 권력을 믿고 백성들을 못살게 구는 권세가들에게는 특히 인정사정이 없었다. 법을 무시하고 제멋대로 구는 제남군의 호족인 간씨(瞯氏) 일가는 아예 몰살시켰다. 급암이나 정당시의 스타일을 유지하고 있었던 질도가 지킨 또 하나의 원칙은 ‘청탁 거절’이었다. 개인의 사사로운 편지는 뜯지도 않고 되돌려 보냈고, 예물 따위를 보내와도 절대로 받지 않고 내쳤다. 청관(淸官) 그 자체였다.

특이한 점은 법적으로 처리해 벌금을 물리거나 감옥에 보내는 게 아니라, 그 죄가 다소 중하다 싶으면 집안을 통째로 몰살시키는 잔혹함이었다. 지위고하를 막론하고 걸리기만 하면 최고형으로 다스리니, 그를 보고 피해 가지 않은 사람이 없었다.

한나라 개국 공신인 주발의 아들 주아부(周亞父)는 매우 고귀한 신분이었으나 질도는 그에게 반란죄를 적용해 죽이려 했다. 아버지 장례식 부장품으로 무기를 무덤에 넣어주려던 것을 누가 반란의 음모라고 밀고를 했다. 질도는 주아부를 잡아들인 다음 지금은 반란을 일으키지 않을지 모르지만 나중에 죽어 저승에 가서 반란을 일으키려는 의도라는 죄목을 붙였다. 주아부는 감옥에서 먹기를 거부한 채 버티다가 피를 토하며 죽었다. 주아부의 아버지 주발과도 악연이 있었다. 생전에 주발은 질도에게 걸려 한 번 당한 뒤로는 평상시에도 갑옷을 입고 잠을 잤다. 백만 대군의 총사령관이던 주발과 주아부는 백만 대군보다 더 무서운 게 질도라며 혀를 내둘렀다.

경제 통치기는 이렇게 질도 같은 혹리들이 대쪽처럼 법을 처리해 국가 기강이 나름대로 잡혔다. 하지만 이런 질도도 두태후의 인척인 임강왕(臨江王, 유영劉榮)을 가혹하게 다스린 쾌씸죄에 걸려 태후에 의해 처형당했다.

질도는 너그러운 법 집행을 주로 했던 순리(循吏)에서 혹리로 완전히 넘어가는 전환기의 공직자 모습을 보여준다. 질도는 경제를 지나 다음 황제인 무제(武帝) 때의 혹리들과 대비되는 형상으로 〈혹리열전〉의

질도의 상과 산서성 평륙현에 남아 있는 질도의 무덤이다.

첫 페이지를 장식하고 있다. **그의 이미지는 순리들의 청렴과 급암, 정당
시에게서 공통적으로 발견되는 강직함에다 사나움과 가혹함을 합친 특징**
을 보여준다. 질도에게는 또 **아무리 권력자라 해도 가차 없이 법을 적용
하는 엄정한 이미지**가 함께 겹쳐 있다. 약자에게는 강하고, 강자에게
는 맥을 못 추는 전형적인 간신형 혹리들과는 질을 달리했다. 어쩌
면 지금 우리 경찰, 검찰, 사법부에 가장 필요한 존재가 아닐까 하
는 이런 부질없는 생각도 해본다.

코에 걸면 코걸이 귀에 걸면 귀걸이, 장탕

혹리들 가운데 가장 유명한 인물은 견지법(見知法, 남의 범법 사실을

알고도 고발하지 않는 사람은 범법자와 같은 처벌을 내린 악법)을 만든 **장탕**(張湯)이다. 〈혹리열전〉에서 가장 많은 분량을 차지하고 있다. 첫 부분에는 장탕이 혹리가 되는데 가장 큰 자극을 준 경험이 소개되어 있는데, 사마천이 대체 어디서 이런 이야기를 채록했는지 절로 감탄하게 만드는 흥미로운 일화다. 사마천은 장탕의 일화를 상세히 소개하여 이후 혹리들의 모습이 어떠했을지 예상하게 만드는 절묘한 필치를 보여주고 있다. 장탕의 어렸을 때의 일화로 이야기를 시작해본다.

장탕이 어린 시절에 아버지가 외출하면서 '곡간을 잘 지키라'는 분부를 내렸다. 장탕이 잠깐 한눈을 판 틈에 쥐가 음식을 먹어치웠다. 아버지가 돌아와 장탕에게 매질을 했다. 장탕은 온 집 안을 뒤져 쥐를 잡아 꽁꽁 묶은 다음, 쥐를 탄핵하고 영장을 발부하여 진술서를 작성했다. 그리고는 법조문에 근거하여 고문을 가하고 끝내는 몸뚱이를 찢어 죽이는 책형(磔刑)을 판결했다. 장탕은 또 판결문을 직접 작성했는데, 판결문을 본 아버지는 기가 막혔다. 마치 노련한 형리가 직접 작성한 것 같았기 때문이다. 이렇듯 장탕은 어릴 때부터 혹리가 될 자질이 다분했다.

장탕은 그 아버지가 죽은 뒤 관리가 되어 혹리로서 명성을 본격적으로 날리기 시작했다. 먼저 황제의 친인척 비리 문제를 전담했다. 황제의 친인척 문제는 현실적으로 최고 권력자인 황제의 의중에 따라 판결이 얼마든지 달라질 수 있는 사안이었다. 중죄를 범했어도 황제가 봐주고 싶은 사람이 있고, 가벼운 죄를 범했어도 황제가 봐주기 싫은 사람이 있었다. 장탕은 황제의 이런 의중을 기가 막히게 잘 알았다.

법에 따르면 명백하게 사형감이었지만 황제가 살려주고 싶어 한다는 것을 안 장탕은 무제가 좋아하는 유학 경전의 구절을 법조문 앞뒤에 배치하여 무제로 하여금 구실을 삼게 만들었다. 그 반대도 마찬가지였다. 장탕은 법을 왜곡하는 것은 물론, 그 왜곡을 위해 말도 안 되는 유가의 경전을 끌어다 그럴듯하게 꾸밀 줄 알았던 아주 영악한 혹리였다.

장탕의 수법 가운데 또 하나 기가 막힌 것이 있었다. 문서 보고는 한번 올라가고 나면 더 이상 돌이킬 수가 없다. 하지만 구두 보고는 나중에 황제의 검토에 따라 달라질 수 있었다. 장탕은 황제에게 말로 보고할 것과 문서로 보고할 것을 영악하게 구분했다.

장탕은 여기에다 처세술까지 겸비한 인물이었다. 그는 다른 동료들에게 욕먹지 않으면서 호의호식했다. 때맞추어 선물을 보내고, 무슨 일이 있으면 빠트리지 않고 인사치레를 했다. 이렇게 해서 관료들끼리 서로를 봐주고 서로를 이용하는 비리와 부패의 기풍이 조정에 가득 찼다.

그런데도 황제인 무제는 이런 그를 굉장히 총애했다. 뿐만 아니라 행정, 경제, 재정 등 조정의 거의 모든 문제를 장탕과 의논했다. 무제는 법과 시스템을 가지고 나라를 다스리지 않고 자신이 총애하는 사람을 통해 통치하는 '인치(人治)'에 의존했다. 사마천은 혹리의 가장 큰 문제는 누구보다 법을 잘 지켜야 할 그들이 그 법을 이용하여 법을

2002년 극적으로 발굴되어 복원된 장탕의 무덤과 그 주변의 모습이다(섬서성 서안시 장안구).

왜곡함으로써 '인치'의 빌미를 제공한 데 있다는 심각한 사실을 상기시키고자 했다. 보았듯이 장탕의 행태는 지금 우리 검찰의 모습을 방불케 한다. 역사 속 인간들의 행태는 시공을 초월하여 늘 비슷한 모습을 보인다. 문제는 그로부터 어떠한 교훈과 반성을 얻지 못하는 우리들의 무감각과 무관심이다.

비리, 부패 척결의 전제조건은?

공자(孔子)는 무슨 일이든 "법으로 이끌고 형벌로만 다스리려 하면 백성들은 무슨 짓을 저질러도 부끄러워하지 않는다."고 지적하면서 덕(德)과 예(禮)로 이끌어 부끄러움을 알게 해야 범법이 줄어

든다 라고도 했다. 노자(老子)는 한 걸음 더 나아가 "법령이 많아질수록 도둑도 많아진다."고 비꼬았다. 물 한 방울 샐 틈 없는 촘촘한 법 조항과 가혹한 처벌이 능사가 아니라는 지적이다. 크게 보아 공자와 같은 맥락이다.

공자는 또 "자신의 몸가짐이 바르면 명령을 내리지 않아도 시행되며, 자신의 몸가짐이 바르지 않으면 명령을 내려도 따르지 않는다"면서 법을 집행하는 자와 통치자가 최소한 갖추어야 할 자질과 요건을 제시했다.

한 무제는 자신의 독재 통치기반을 강화하기 위해 삐뚤어진 혹리들을 대거 기용하여 사정 정국을 조성했다. 결과는 재정 파단과 사회적 기풍의 혼란이었다. 한 무제의 초상화이다.

사마천도 **"법이 통치의 도구이기는 하지만 백성들의 선악, 청탁까지 다스릴 수 있는 근본적인 장치는 아니다."**면서 법망이 가장 치밀했던 때 간교함과 속임수가 가장 많았다고 지적한다. 그러면서 "법을 집행하는 관리들과 법망을 빠져나가려는 백성들 사이의 혼란이 구제할 수 없을 정도로 극에 달하자 결국 관리들은 책임을 회피하고 백성들은 법망을 뚫어 나라가 망할 지경에 이르렀다. 관리들은 타오르는 불은 그대로 둔 채 끓는 물만 식히려는 방식으로 대처했으니, 가혹한 수단이 아니면 그 임무를 감당할 수 없었다."고 했다.

법 조항이 갖추어지지 않아서 범법자가 많아지는 것이 아니라는 한결같은 지적들이다. 그렇다면 문제는 사회적 기풍이다. 공자의 말대로 부끄러움을 아는 사회적 기풍이 우세하다면 굳이 요란을 떨며 비리와 부패 척결을 외칠 필요조차 없다. 그런 점에서 한나라 초기의 법은 배를 삼킬 만한 고기도 빠져나갈 정도로 느슨했지만 통치는 순조롭고 백성들은 편안했다는 사마천의 지적을 귀담아들을 필요가 있다. 나라의 안정은 도덕의 힘에 있지 가혹한 법령에만 의존할 수 없다.

지금 우리에게 필요한 혹리는?

안타깝게 지금 우리의 현실은 공자처럼 도덕 운운할 상황이 못 된다. 법치조차 제대로 실천하지 못하고 있기 때문이다. 우리 역사는 '법치'가 충실하게 이행되지 못하고 '인치'가 만연했기 때문에 근대에 들어와 서양에 밀려 뒤떨어졌다는 평가가 있다.

현 상황에 비추어 보면 일리 있는 주장이다. 좋은 법을 만들어서 그 법을 제대로만 적용한다면 백성들이 억울할 일이 없다. 고관대작이라도 나쁜 짓을 하면 법에 따라서 처벌해야 하는데, 그렇지 않고 일반 백성들에게만 법을 과도하게 적용한다. 형평성에 어긋난다. 유전무죄, 무전유죄라는 말이 괜히 나오는 게 아니다. 결국은 법을 다루고 집행하는 검사와 법관들을 비롯한 공직자들이 권력자의 눈치를 보게 되고, 자기들끼리 서로서로 봐주는 '인치'로 나라를 망친다.

'인치'에는 전통적인 유교의 관념이 큰 역할을 했다. 혹리 장탕은 법관으로서의 문제점을 모두 안고 있었다. 지금도 장탕과 같은 검찰이나 법관들이 판을 치고 있다. 그래서 사마천은 '이상적인 관료'의 모습을 보여주기 위해 〈순리열전〉과 〈혹리열전〉을 썼다. 읽을 때마다 급암과 정당시, 아니 백 보 양보해서 질도 정도의 공직자가 과연 우리에게도 있을까 하는 질문을 하게 된다. 권세가나 토호들에게 당당하게 맞서고, 그들을 아주 엄격하게 처벌했던 초창기 혹리들 모습만이라도 지금 우리에게 살아있다면 국민들이 최소한 절망하지 않고 살 수 있지 않을까?

법원 앞에 법과 정의의 여신 유스티티아(Justitia, 그리스신화의 디케)상이 있다. 한쪽에는 칼을, 한쪽에는 저울을 들고 있다. 저울은 만민에게 법을 평등, 공평하게 적용하겠다는 뜻이다. 칼은 그 법에 따라 한 치의 사심 없이 정확하게, 그리고 엄격하게 처벌하겠다는 의지의 형상이다. 여신상은 눈을 감고 있다. 흔들리지 않고, 정말로 공평무사에 법을 적용하겠다는 뜻이다. 사마천도 유스티티아처럼 법 집행을 공정하게 하는 관리를 이상적인 모델로 보았음에 틀림없다.

지금 우리 상황에서 제대로 된 비리와 부패를 척결하는데 적합한 혹리는 과연 누구일까? 노자, 공자, 사마천이 언급했던 법의 본질과 한계를 다시 한 번 떠올리면서 고민해 봐야 할 것 같다. 중국 역사상 최고의 개혁가 상앙(商鞅)은 이런 천고의 명언을 남긴 바 있다.

"법이 제대로 집행되지 않는 까닭은 위(귀하신 몸)에서부터 법을 어기기 때문이다."

정치, 역사를 만나다

여불위의
야망,
성완종의
꿈

야망의 질적 차이는 안목의 차이

우리에게 '정경유착(政經癒着)'이란 단어는 매우 혐오스러운 뜻으로 다가온다. '유착'이 질병인 '혹이나 암 덩이가 서로 착 달라붙어 있다'는 뜻이기 때문이기도 하다. 실제로 늘 그렇게 부정적인 뜻으로 써왔다. 2천 수백 년 전 중국에서 있었던 정경유착 사례와 10년 전에 있었던 우리의 사례를 비교해보았다.

모두 정치적 야망을 위해 비정상적인 방법을 동원했다는 점에서 공통점을 갖고 있지만, 결과는 말 그대로 하늘과 땅 차이였다. 물론 야망의 크기도 아주 달랐지만 두 사례의 결과는 크기의 문제가 아닌 야망을 실현하는 과정에서의 수단과 방법, 그리고 무엇보다 인간관계를 통찰하는 안목의 차이를 잘 보여주고 있다. 우리 현대사의 한 페이지를 장식하고 있는 성완종의 꿈은 그저 비리와 부정으로 얼룩져 있지만, 2천 200년 전 여불위의 야망은 천하통일이란 큰길의 한 자락을 깔았다. 대체 무엇이 달랐고, 어디에서 차이를 보였을까?

정경유착의 원조

2015년, 국회의원을 지낸 경남기업의 대주주 성완종이 정관계 인사들을 대상으로 벌인 청탁과 뇌물 관련 리스트가 온 나라를 뒤흔든 적이 있었다. 그 뇌물 리스트의 진위 여부를 떠나 당시 비리로 결탁된 우리 정치와 재계의 천박한 수준과 민낯을 한 번에 드러냄으로써 또 한 번 국민들을 절망케 했다. 이 추문은 성완종의 자살로 흐지부지 끝났지만 국민의 절망감은 말할 것 없고, 국격마저 또 한 번 치명적인 내상을 입었다.

당시 이 사태를 보면서 필자는 역사상 한 인물을 떠올렸었다. 이 인물의 행적과 목적, 그리고 그 최후가 성완종과 표면적으로 닮

부정한 정경유착의 결과는 늘 비극이었다. 성완종 사건은 정경유착의 본질을 다시 생각게 한다.(사진 : 위키백과)

았기 때문이었다. 이 인물 역시 킹메이커 역할을 자처하고는 자신의 경제력으로 대권 후보에게 아낌없는 투자를 감행했고, 나아가한 나라의 최고 통치자들을 대상으로 치밀한 로비를 벌였다. 다만그의 투자는 성완종과는 달리 대대박을 냈다. 그럼에도 그 역시 자살로 최후를 마감했다.

중국 역사상 정경유착의 원조라 할 수 있는 이 인물은 최초의 통일 제국을 세운 진시황(秦始皇)의 생부 문제 등 상당히 민감한 논쟁을 유발했고, 또 지금도 쟁점의 한 축을 이루고 있는 거상인 **여불위**(呂不韋, ?~기원전 235)였다. 여불위가 한 인물에 투자하여 대박을 내고나아가 한 나라의 최고 실세로 행세하다가 끝내는 자살로 생을 마감하기까지의 과정을 살펴보고, 그의 인생 편력과 최후가 성완종의 그것과는 어디가 닮았고, 어디가 다른가를 생각해보았다.

상인의 안목으로 천하 경영의 꿈을 꾸다

《전국책》에는 여불위가 그 아버지와 나눈 대화가 기록되어 있는데, 여불위가 본격적으로 정치적 도박(투자)을 감행하기 직전의 대화로 추측된다.

여불위 아버지, 땅에다 농사를 지어 많이 남으면 얼마나 이윤이 남겠습니까?

아버지 잘하면 열 배쯤 되겠지.

여불위 보석 따위를 팔면 어떻겠습니까?

아버지 100배쯤 남지 않겠니.

여불위 누군가를 왕으로 세우면요?

아버지 그야 따질 수가 없지.

전국시대 위(衛)나라 지역 출신의 거상 여불위는 사업차 조(趙)나라 수도 한단(邯鄲)을 찾았다가 우연히 서방의 강대국 진(秦)나라에서 인질로 온 자초(子楚, 당시 이름 이인異人)를 발견한다. 자초의 신분을 확인한 순간 여불위는 엄청난 사업을 구상한 다음 집으로 돌아와 아버지에게 가르침을 청하면서 나눈 대화가 바로 위 대화다(여불위의 아버지도 상인이었을 것으로 추정한다).

여불위가 자초를 발견하고 어떤 원대한 계획을 세웠는지는 알 수 없다. 다만 그가 자초를 '미리 차지해 둘만한 기이한 물건'이란 뜻의 '기화

가거(奇貨可居)'로 간주했다고 한다. 다시 말해 지금 사두거나 투자하면 언젠가는 큰돈이 되거나 큰 역할을 해낼 투자대상으로 본 것이다.

자초는 진나라 다음 왕위 계승자인 태자 안국군(安國君)의 20여 명에 이르는 아들들 중 하나로, 진과 조의 인질교환에 따라 조나라에 와 있었다. 안국군의 아들들 중 자초의 서열은 중간 정도였다. 어머니 하희(夏姬)가 안국군의 총애와는 거리가 여러 첩들 중 하나였기 때문에 인질로 보내진 것이다. 자초가 인질로 잡혀있는 동안에도 진나라는 여러 차례 조나라를 침범했고, 이 때문에 조왕은 몇 차례 자초를 죽이려 했지만 그때마다 천운으로 죽음을 면했다. 자초는 엄연한 진나라 왕실의 핏줄이었음에도 불구하고 이런저런 사정 때문에 조나라는 물론 자기 나라에서조차 외면당한 채 조나라 수도 한단을 떠도는 신세로 전락해 있었다.

여불위는 자초에게 투자하기로 결심했다. 여불위는 자초를 둘러싼 보다 상세한 정보를 입수했다. 그리고 이 투자를 담보할 만한 보다 유용한 정보를 수집했다. 그 결과 다음 왕위 계승자인 태자 안국군, 즉 자초의 아버지가 가장 총애하는 초나라 출신의 태자비인 화양(華陽) 부인에게 아들이 없다는 사실을 확인했다. 여불위는 이 정보가 갖는 중요성을 직감했다.

역사상 최대 최고의 정치도박 내지 정치 투자를 성공시킨 여불위.

예지력과 치밀한 기획

자신의 안목과 상품의 투자 가능성에 확신을 가진 이상 제대로 된 장사꾼이라면 구체적인 경영전략을 세우는 것은 당연하다. 여불위는 자초를 찾았다. 다음은 두 사람의 대화다.

여불위 내가 당신을 키워주겠소.
자초 먼저 당신이 커야 내가 크지 않겠소?
여불위 잘 모르시는군요. 저는 당신이 커짐에 따라 커진답니다.

자초는 여불위의 말뜻을 알아듣고는 자리를 권하여 밀담을 나누었다. 여불위는 안국군과 화양 부인을 거론하며, 안국군의 20여 명에 이르는 아들들 중 아무도 안국군의 눈에 들지 않은 상황이기 때문에 자초에게도 얼마든지 기회가 있다며 희망을 주었다. 뜻하지 않은 후원자를 만난 자초는 계획이 성공하면 진나라의 권력을 함께 나누겠노라 약속했다.

여불위는 차기 왕위 계승자인 안국군이 가장 총애하는 화양 부인을 최대한 이용하기로 계획을 세우고는 진나라의 도성 함양(咸陽)으로 향했다. 그에 앞서 여불위는 한단에 남은 자초에게 500금에 이르는 충분한 체면 유지비를 제공하여 조나라의 유력한 인사들과 두루 교제하도록 했다. 조나라 조야로 하여금 자초의 존재감을 확인케 하려는 의도였다.

귀한 패물 등을 갖고 함양에 들어온 여불위는 화양 부인을 직접 찾지 않고 사람을 넣어 화양 부인의 언니를 찾았다. 화양 부인의 언니를 만난 여불위는 진귀한 패물을 화양 부인에게 전해줄 것을 부탁하며 자초의 근황을 알렸다. 그러면서 자초가 아버지 안국군과 화양 부인을 늘 그리워하며 눈물을 흘린다고 말했다. 또 자초는 조나라의 유력자들은 물론 각 제후국들에서 온 빈객들과 두루 사귀며 명성을 높이고 있다는 소식도 덧붙였다. 여불위는 화양 부인의 마음을 완전히 흔들어 놓기 위해 언니에게 "미모로 (남자를) 섬기던 사람은 그 미모가 시들면 (남자의) 사랑도 시드는 법"이라며 안국군의 사랑이 아직 건재한 지금 훗날을 위해 듬직한 양자를 들이는 것이 필요하다는 말로 화양 부인을 설득케 했다.

화양 부인의 언니는 여불위의 패물과 자초의 소식 등을 전했다. '미모로 섬기던 사람은 그 미모가 시들면 사랑도 시드는 법'이란 여불위의 말은 힘을 주어 강조했다. 화양 부인은 전적으로 공감했다. 화양 부인은 안국군이 한가한 틈을 타서 눈물을 흘리며 자식 없는 자신의 신세를 한탄하다가 자초의 이야기를 꺼냈다. 화양 부인을 총애하는 안국군은 자초를 양자로 삼겠다는 화양 부인의 청을 들어주었고, 화양 부인은 기쁨과 동시에 양아들 자초를 귀국시킬 방안을 강구하기 시작했다. 안국군과 화양 부인은 여불위에게 자초를 잘 보살피라고 당부하는 한편 넉넉하게 물품까지 딸려 보냈다.

자초라는 상품을 알리기 위해 여불위는 직접 함양을 찾았지만 주요 목표인 화양 부인을 직접 만나지 않았다. 대신 화양 부인의 언니를 중간에 넣었다. 이는 상인 여불위의 고도의 상술에 따른 수순이었다. 상거래에서는 자신이 직접 물건을 갖고 가거나 소개하는 것보다 구매자가 믿을 수 있는 가까운 사람에게 물건 소개를 맡기는 쪽이 물건의 가치를 더 높이는 것은 물론, 그 물건에 대해 신비감을 갖게 만들 수 있다. 물건이 중간 상인을 거치면서 값이 올라가는 것과 비슷한 이치라 하겠다. 더욱이 당시의 현실에서 상인이란 존재는 그다지 존중받는 직업이 아니었다. 그래서 여불위는 혹 있을지도 모르는 상인에 대한 선입견을 피해 가는 노련한 수도 함께 구사한 것이다. 이렇게 해서 자초는 진과 조 두 나라는 물론 제후국 전체가 주목하는 요인으로 떠올랐다.

난관을 돌파하는 과단성과 기민함

이제 다음 수순은 현재 왕인 소양왕(昭襄王)에게 자초라는 상품을 선보이고 눈도장을 받는 것이다. 그래야만 자초를 귀국시킬 수 있는 가능성이 커지기 때문이다. 이 일은 말할 것도 없이 다음 왕위 계승자인 안국군이 맡게 되었다. 그런데 뜻밖에 소양왕의 반응은 냉랭했다.

안국군으로 안 된다면 누굴 내세워 소양왕을 설득하나? 여불위는 이번에도 여자를 타깃으로 선택했다. 다름 아닌 왕후였다. 그리고 화양 부인 때와 마찬가지로 직접 왕후를 찾아가지 않고 중간에 사람을 넣었다. 여불위가 찾은 중개인은 왕후의 동생 양천군(楊泉君)이었다. 여불위는 양천군을 찾아가 단도직입으로 말했다. 두 사람의 대화를 들어보자.

여불위 양천군께서는 죽을죄를 지었는데 알고 계십니까?

양천군 (멍한 표정을 지으며) 내가 죽을죄를 지었다니 무슨 말인가?

여불위 양천군께서는 왕후의 동생으로 높은 자리에 넘치는 녹봉, 그리고 구름같이 몰려 있는 미인들……원 없이 누리고 계십니다. 그런데 태자 안국군께서는 정말 암담한 신세라 차마 눈뜨고 볼 수 없을 지경입니다. 양천군께서는 대체 누구의 복을 누리고 계시며, 누구의 이익을 얻고 계시며, 누구의 권세에 의지하고 계시며, 누구의 돈을 쓰고 계시며, 누구의 권위로 뻐기고 다니십니까? 바로 지금 왕과 누이이신 왕후가 아닙니까? 모름지기 일이란 예측하면 성사되지만, 예측하지 못하면 쓸모없게 됩니다. 이는 아주 간단한 이치입니다. 지금 왕께서는 연로하십니다. 조만간 태자께서 왕이 되시면 양천군께서 지금처럼 하고 싶은 대로 하시도록 놔두시지 않을 겁니다, 절대! 하루 살기도 힘들 뿐만 아니라 자칫하면 목숨까지 걱정해야 할 겁니다.

양천군 (여불위의 말에 잔뜩 겁을 먹고는) 선생께서 제때 잘 이야기하셨소. 그럼 내가 어떻게 해야 하오?

여불위는 조나라에 인질로 가 있는 자초를 화양 부인이 양아들로 삼은 사실과 안국군의 심경을 전했다. 자초가 제후국들 사이에서 어떤 명성을 얻고 있는지 조나라 사람들은 다 알고 있는데 정작 진나라는 모르고 있는 것 같다면서, 훗날을 위해 소양왕 앞에서 자초에 대한 칭찬과 그의 귀국을 요청하라고 일렀다. 그 일이 성사되면 나라도 없이 떠돌던 자초에게 나라가 생기고, 자식 없는 안국군 부부에게 자식이 생기게 되니 모두가 양천군 당신에게 감사하게 될 것이며, 나아가 죽을 때까지 지금과 같은 복을 누리게 될 것이라고 못을 박았다.

여불위의 협박성(?) 설득에 넋이 나간 양천군은 누이인 태후에게 바로 달려가 공작을 벌였고, 태후는 다시 소양왕에게 공작을 벌였다. 소양왕은 이번에도 별다른 반응을 보이지 않았지만, 그래도 전보다는 훨씬 더 태도가 부드러워져 조나라 사신이 오면 자초의 귀국을 요구하겠다고 했다.

여불위는 이쯤에서 목표를 조나라 왕으로 돌렸다. 이를 위해 여불위는 조왕 측근의 실세들에 대한 로비 활동을 펼치기로 했다. 또 한 번 거금이 필요한 시점이었다. 그런데 이 순간 그간 여불위가 들인 공이 효과를 발휘하기 시작하는 것 아닌가? 여불위의 생각을 전해들은 안국군과 화양 부인은 물론 왕후까지 나서 로비 자금을 마련해 주었다. 자초의 일이 이미 다수의 공동 관심사가 되었기 때문이다. 자초의 미래에 따라 자신들의 이해관계도 달라질 수밖에 없는 관계로 확실하게 엮였다. 여불위는 한 사람의 관심사를 공동의 관심사로 만들어 관계로 엮는 일에 있어서는 타의추종을 불허하는 고수였다.

이윤은 아낌없는 투자에서

진나라와 조나라 조정에 대한 로비를 성공적으로 마친 여불위는 잠시 한가한 틈을 이용하여 자신의 상품을 재점검했다. 자초를 보다 확실하게 장악하기 위한 방법을 고민하기 시작한 것이다. 여불위는 이왕에 시작한 모험이라면 좀 더 판을 키워야겠다고 마음을 먹었다. 자기 상품의 함량을 높이고 이윤 획득을 위한 공간을 극대화하는 새로운 전략을 수립했다. 쉽게 말해 자초의 몸집을 더 불리되 여불위가 더욱 더 쉽게 조종할 수 있게 만들자는 것이었다.

이를 위해 여불위는 놀랍게도 임신한 상태에 있는 자신이 아끼는 첩 조희(趙姬)를 자초에게 넘기는 기상천외한 모험을 감행했다. 물론 자초가 여불위의 첩에게 눈독을 들인 탓이 크긴 했지만, 자기 씨를 잉태한 첩을 다른 남자에게 넘긴다는 것은 누가 봐도 인륜은 물론 일반 상식과도 크게 어긋나는 행동이 아닐 수 없었다. 여불위는 천하를 놓고 도박을 한 것이다! 조희의 배 안에 든 아이까지 고려한 어마어마한 도박이었다.

자초에게 간 조희는 한 달 뒤 자초에게 임신을 알렸고, 그로부터 1년(?) 뒤 사내아이가 태어났다(사실은 여불위의 아들). 이 사내아이가 누구던가? 바로 장차 진시황으로 불리게 될 그 아이 영정(嬴政)이었다. 천하를 건 여불위의 도박 제 2단계가 성공하는 순간이었다. 당시 여불위는 이 아이가 자신에게 얼마나 큰 이윤을 남겨줄 지 알 수 없었다. 이 아이가 어떤 인물이 되고 여불위의 인생에 어떤 의미를 가질 지는 더더욱 알 수 없었다. 이 아이는 만약을 위해 들어 둔 보험과도 같은 존재였기 때문이다. 당장 해야 할 다음 단계는 자초를 진나라로 귀국시키는 일이었다. 그리고 이 모든 일은 이제 안국군이 왕좌에 올라야만 가시권에 들어올 수 있는 단계에 와 있었다.

과감한 모험은 위기돌파의 관건

세월은 빠르게 흘렀다. 영정이 벌써 세 살이 되었고, 여불위의 천하를 건 도박도 별다른 진전을 보지 못하고 있었다. 위기가 여기저기서 감지되었다. 진나라가 조나라에 대한 공세를 늦추지 않았기 때문에 자초의 신변이 더욱 불안해졌다. 자초가 죽는 날에는 모든 것이 다 허사다. 여기에 한껏 높아진 자초의 명성과 비중이 오히려 위험도를 높이고 있었다. 상품을 시장에 내보내기 전에 시장에 변화가 발생하고 있으니 여간 큰일이 아니었다. 여불위가 세운 전략 전체가 흔들릴 수 있는 위기상황이었다.

여불위는 또 한 번 모험을 결심했다. 거금을 들여 성을 지키는 장수를 매수하여 조나라를 탈출하기로 한 것이다. 여불위는 장사를 위해 조나라에 왔는데 진나라가 조나라를 공격하는 통에 신변이 불안해서 장사를 할 수 없으니 고향으로 돌아가게 해달라고 했다. 그리고는 자초를 자기를 수행하는 시종으로 분장시켜 조나라 수도 한단을 빠져나왔다. 뇌물을 먹은 장수는 별다른 의심 없이 여불위와 자초를 보내주었다.

여불위는 진나라 장수 왕흘(王齕)의 군영으로 가서 몸을 맡겼고, 왕흘은 어제 합류한 소양왕에게 여불위와 자초를 안내했다. 마침내 자초가 고국으로 돌아가게 되는 순간이었다. 자초의 느닷없는 출현에 소양왕은 다소 당황하기는 했지만 반갑게 자초를 맞이한 다음 수레를 마련하여 함양으로 보냈다.

자초가 귀환했다. 비유하자면 '왕자의 귀환'이었다. 천하의 '기화' 자초의 등장으로 시장은 요동쳤다. 여불위는 자초에게 초나라 복장을 입혀 화양 부인을 만나게 했다. 초나라 출신인 화양 부인의 심기를 고려한 세심한 안배였다. 고향의 복장을 하고 나타난 자초를 본 화양 부인은 격한 감정을 참지 못하고 "내 아들아!"를 외쳤다. 자초라는 이름도 사실 여불위가 초나라 출신의 화양 부인의 마음을 얻기 위해 바꿔준 이름이었다. 자초의 본명은 이인(異人)이었다. 여불위의 마음씀씀이가 얼마나 치밀했는지를 보여주는 대목이었다.

기원전 251년 가을, 연로한 소양왕이 세상을 떠나고 안국군이 뒤를 이었다. 이가 효문왕(孝文王)이다. 화양 부인은 왕후가 되었고, 자초는 태자로 책봉되었다. 상황이 이렇게 되자 조나라는 한단에 남아 있던 조희와 영정(진시황)을 돌려보냈다.

그런데 효문왕(안국군)이 소양왕의 상을 마치기도 전에 갑자기 세상을 뜨는 돌발 상황이 터졌다. 다음 수순은 당연히 자초가 즉위했

하남성 낙양시 동쪽 20km 떨어진 언사시(偃師市)에 남아 있는 여불위의 무덤이다.

고, 이가 바로 장양왕(莊襄王)이다. 이 기가 막힌 현실 앞에 자초는 자신의 눈을 의심할 수밖에 없었다. 타향에서 거지꼴이 되어 전전하던 자신이 불과 몇 년 만에 초강국 진나라의 국왕이 되다니!

여불위는 승상이 되어 문신후(文信侯)에 봉해졌다. 낙양 땅 10만 호가 봉지로 따라왔다. 도박이 대박이 났다. 일생 최대의 투자가 계산이 불가능할 정도로 엄청난 수익을 거두는 순간이었다.

두 도박꾼의 차이

여불위는 그 뒤 진시황이 21세 성인이 되어 친정을 시작하자 권력에서 배제되고, 끝내는 진시황의 편지를 받아들고 자결했다. 하지만 여불위는 누릴 것 다 누린 뒤였다. 그리고 친아들을 위하는 마음으로 기꺼이 죽음을 선택했다. 여기까지가 여불위의 정치도박의 전모였다(그 사이 여러 일들이 있었지만 이야기가 길어 생략한다. 관련하여 자세한 경위는 유튜브 '김영수의 좀 알자, 중국'의 2시간 15분 '진시황 완전정복' 영상을 참고하시라). 이제 여불위와 성완종의 도박이 갖는 차이를 분석해보자.

여불위의 정치도박은 더 이상 치밀할 수가 없었다. 반면 성완종은 엉성했다. 두 사람 모두 인맥 확장에 열을 올렸다. 여불위는 식객을 3천 명 이상 거느렸고, 성완종은 충청 포럼을 통해 외연확장을 꾀했다. 여불위의 식객들 중에는 당대 최고 지식인들이 수두룩했다. 여불위는 이들을 동원하여 **《여씨춘추(呂氏春秋)》라는 종합 백과전서를 편찬하는 기염을 토했다.** 책이 완성되자 여불위는 이 책의 목간을 성문 앞에 걸어놓고 누구든 한 글자라도 고치거나 잘못을 바로잡으면 천금을 주겠다고 호언장담했다(여기서 '일자천금一字千金'이라는 고사가 나왔다). 그는 이 문화사업에 한껏 자부심을 드러냈다. 성완종은 장학재단을 운영했지만 그것은 순수한 교육 문화사업이 아닌 오로지 자신의 정치적 입지를 위한 발판이었을 뿐이다. 충청 포럼 역시 마찬가지였다.

여불위는 투자의 대상을 고를 줄 알았고, 투자 시기도 정확하게 예측했다. 변수가 발생하면 문제의 핵심이 어디에 있는지를 고려하여 제2, 제3의 투자 대상도 정확하게 골랐다. 만약을 위한 대비책에도 소홀하지 않았으

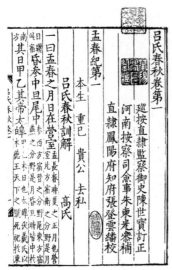
여불위의 자부심이 충만한 문화사업의
결정판 《여씨춘추》 판본.

며, 위기 때는 과감하게 돌파했다. 그리고 이 모든 것이 철저한 준비의 결과였음은 말할 것 없다. 위기는 준비된 사람에게는 기회로 전환되어 성공을 앞당기는 원동력으로 작용하며, 행운도 준비된 사람만이 감지할 수 있다. 천하를 건 여불위의 도박은 준비에서 판가름이 난 것이다.

성완종은 오로지 돈으로만 모든 것을 해결하려 했고, 또 그것이면 되는 줄 확신했다. 그리고는 의리를 들먹였다. 돈으로 산 의리가 의리일 수 있겠는가? 무엇보다 돈으로 사려던 인간들의 품질을 전혀 고려하지 않았고, 이는 결국 성완종의 안목에 다름 아니었다. 그의 리스트가 세상에 나왔을 때 단 한 인간도 이를 인정하지 않았을 뿐만 아니라 성완종을 야멸차게 내쳤다. 다 자업자득이었다.

요컨대 두 사람의 처지와 목적, 그리고 최후는 비슷했는지 몰라도 그 과정이나 철학은 판이하게 달랐다. 정치적 상황이 전혀 다른 오늘날이지만 적어도 여불위의 정치도박에서는 분명 배울 점이 적지 않다. 성완종 리스트의 칼날은 그가 의리 없는 자들이라고 지목했던, 즉 잘못 고른 대상자들을 향해 요란스럽게 죄어 들어갔지만 결국은 흐지부지되고 말았다. 진시황은 여불위의 자결로 전권을 장악하고 천하통일에 박차를 가할 수 있었다. 한국 정치판은 성완종의 자결로 걷잡을 수 없는 수렁으로 빠져들었다. 이 또한 큰 차이가 아닐 수 없다. 역사적 사건은 이처럼 비슷해 보이면서도 전혀 다르다.

"역사는 두 번 반복된다. 한 번은 비극으로, 또 한 번은 희극으로……."(칼 마르크스)

정치, 역사를 만나다

동양 정치사에 있어서 권력에 대한 견제 장치

권력, 권력구조, 권력자의 함수관계

권력에 대한 견제는 권력의 본질에 대한 정확한 인식으로부터 시작된다. 특히 권력과 권력구조의 모순, 또 이 둘과 권력자의 관계 등 근원적인 문제를 통찰해야만 제대로 된 견제가 가능하다. 역사는 잘 보여주고 있다.

권력자 1인에게 모든 권력이 집중되어 있었던 왕조체제가 되었건, 국민들이 직접 투표로 뽑는 민주체제가 되었건, 권력자가 시원찮으면 어떤 견제 장치도 별 힘을 쓰지 못한다는 침통한 사실을. 더욱이 이를 수시로 뼈저리게 확인하면서도 같은 시행착오를 반복하는 이 현실은 더 당혹스럽다.

'천하(나라)의 흥망은 보통 사람 책임'이라고 일갈한 위기의 사상가 고염무(顧炎武)의 경고가 귓전을 때리지만 그마저도 허망하게 들리는 지금이다. 권력, 권력구조와 권력자의 미묘하고 치명적인 함수관계에 대해 성찰해본다.

위기의 사상가

지금으로부터 약 350년 전 어느 날, 동녘이 희뿌옇게 밝아올 무렵이었다. 호남성 형양(衡陽) 연화봉(蓮花峰) 아래의 가시덤불 속에서 40대쯤 되어 보이는 중년 남자가 불쑥 나타났다. 머리는 산발하여 검불 같고, 옷은 다 헤어져 못 보아줄 지경이었다. 얼굴은 누렇게 뜬 것이 마치 문둥병 환자 같았다. 그는 조심스럽게 사방을 둘러보더니 은밀히 속몽암(續夢庵) 쪽으로 휘청거리듯 걸어갔다.

더없이 한적한 속몽암에 도착했을 때는 날이 벌써 훤하게 밝은 뒤였다. 그는 등에서 자그마한 보따리와 우산을 내려놓은 다음 바위에 걸터앉아 하늘을 바라보다가 긴 한숨을 내쉬었다. 잠시 마음을 가라앉힌 그는 보따리 속에서 큰 붓을 꺼내 먹을 듬뿍 찍어서는 바위에다 이렇게 썼다.

"육경(六經)은 나를 눈뜨게 했으나, 하늘은 일곱 자 이 몸을 버리는구나!"

이 중년의 남자는 훗날 '위기의 사상가'로 평가를 받는 명말청초의 애국지사 **왕부지**(王夫之, 1619~1692)였다. 그는 멸망한 명 왕조의 잔여 세력이 세운 남명(南明) 정권에 가담하여 청 왕조에 대항하여 투쟁을 했으나 잇달아 좌절했다. 구사일생으로 목숨을 건져 이곳저곳을 떠돌다 사람이 드문 이곳에 정착해서 낮에는 숨고 밤에만 움직이는 고달픈 피난 생활을 하고 있었다.

시를 다 쓴 왕부지는 바위를 멍하니 쳐다보았다. 지난 일들이 주마등처럼 뇌리를 스쳐 가는가 싶더니 어느새 눈물이 주르륵 흘러내렸다.

어지럽고 힘든 시절의 소용돌이 속에서 부모 형제와 처자식들이 잇따라 사망했다. 나라의 멸망과 가정의 파멸로 그는 말할 수 없는 고통에 시달렸다. '천지개벽'과 같은 역사의 전환점 앞에서 놀라고 비관하고 실망했으며, 치밀어 오르는 분통을 누를 길이 없었다. 그는 명 왕조의 처절한 패망을 눈뜨고 보았으며, 가족이 파멸되는 무한한 고통을 경험했다. 하지만 대세는 이미 기울었고 국면을 되돌릴 힘은 없었다.

그는 조용한 곳으로 은퇴하여 붓으로 칼을 대신하여 명 왕조 멸망의 교훈을 전체적으로 살펴 사상과 문화, 그리고 교육 영역에서 항청(抗淸) 투쟁을 계속하리라 마음먹었다.

아직 먹물이 채 마르지 않은 시구를 음미하면서 그는 힘을 얻었다. 보따리를 얹은 바위에 다시 앉아 생각에 잠겼다. 명 왕조의 멸망과 10년 넘게 벌인 항청 투쟁이 처참하게 실패하게 된 근본적인 원인은 정치부패와 정부의 무능함에 있었다. 그리고 부패와 무능의 배경에는 교육상의 결함이 자리 잡고 있었다. 그렇다! 나라를 다스리는 근본은 정치와 교육 두 방면이었다. 그는 국가교육의 기본 방향을 다음과 같이 정리했다.

첫째, 국가교육의 큰 줄기는 천하 사람들을 위하는 마음을 가진 통치자들이 장악해야지 못된 소인배나 썩은 당파의 수중에 들어가서는 안 된다.

둘째, 교육은 학습과 응용이 단단히 결합되어야 한다. 허황한 학설은 폐지해야 하며, 교육내용은 경직된 성리학이나 틀에 박힌 팔고문(八股文)에서 철저히 벗어나서 실학교육의 궤도에 들어와야 한다.

셋째, 교육은 문(文)과 무(武)가 결합되어야 한다. 글을 읽는 사람은 학자도 될 수 있어야 하고 농사, 공업, 상업에도 종사할 수 있어야 한다.

왕부지는 교육은 국가 정치의 중요한 구성 부분이므로 교육개혁은 반드시 정치 개혁과 함께 가야 한다고 강조했다.

그는 "제대로 된 정치가 확보되어야만 교육을 실시할 수 있다."고 말한다.

또 이러한 인식을 바탕으로 명나라 정치의 폐단을 비판하고 지배층의 토지 확장을 반대하면서 "천하를 평안하게 하는 것은 천하를 고루 나누는 길뿐이다."라는 당시로서는 파격적인 주장을 내세웠다. 정치가 확립된 뒤에야 학교와 교육이 새롭게 일어날 수 있다는 것이다.

명나라가 이민족에 망하는 모습을 목격한 왕부지를 비롯한 위기의 사상가들은 왕조 체제에 대해 근본적으로 회의하기 시작했다. 도면은 왕부지와 그의 대표작 《악몽(噩夢)》.

국가 교육에 나타나는 각종 폐단의 근원은 정치에 있다. 따라서 국가 정치를 개혁하는 것이 가장 관건이다. 왕부지는 한 나라를 망하게도 하고 흥하게도 하는 가장 근본적인 두 분야를 정치와 교육으로 지목했다.

왕조 체제에 대한 비판가들

왕부지 이후 왕조 체제를 비판하는 사상가들이 속속 출현했다. 왕부지보다 10년 정도 늦게 태어난 당견(唐甄, 1630~1704)은 그의 대표적인 저서인《잠서(潛書)》에서 "진(秦) 이래 제왕은 모조리 다 도적들이었다!"라고 일갈했다.

왕부지와 같은 해에 태어난 황종희(黃宗羲, 1610~1695)는《명이대방록(明夷待訪錄)》에서 전제통치 체제의 황제야말로 천하에 큰 피해를 주는 존재라고 했다. 당견은 "진(秦) 이래 제왕들은 모조리 다 도적들이었다."고 말한 다음 다시 스스로 이런 주석을 달았다.

"한 사람을 죽이고 옷감이며 양식을 빼앗는 자를 도적이라 한다. 그렇다면 천하 사람을 모조리 죽여 그 재물과 부를 차지하는 자를 도적이라 부르지 않고 뭐라 부를까?"

진 이전 하·상·주 3대의 국군들은 추대의 성격이 어느 정도 있었다. 진나라 이후 황제라는 칭호가 등장하고, 황제의 강산은 싸워서, 또는 대규모 약탈을 통해 얻기

왕조 체제의 권력 정점인 황제에 대해 신랄하게 비판한 황종희.

에 이르렀으니 황제가 도적이 아니면 무엇인가라는 문제 제기였다.

황종희는 《명이대방록》에서 한 걸음 더 나아가 강산을 빼앗는 이 강도들의 열악한 심리상태를 이렇게 폭로했다.

"천하를 미처 얻지 못했을 때는 천하 사람을 도륙하고 아들딸들을 찢어놓아 자기 한 사람의 산업으로 삼으면서도 전혀 아무렇지 않은 듯 '진실로 자손을 위한 창업이다'라고 말한다. 강산을 얻고 나면 천하의 골수를 벗기고 자녀를 이별시켜 저 혼자만의 음탕과 쾌락을 받들게 하는 것을 당연하게 여기면서 '이것은 내 산업의 배당금이다'라고 말한다."

한편 당견은 《잠서》에서 다시 한 번 이렇게 보충했다.

"천하가 평정되고 싸움은 없지만 전쟁에서 죽은 백성과 전쟁 때문에 죽은 사람이 열에 대여섯이다. 해골을 거두지 못했고, 곡소리가 아직 끊어지지 않았고, 눈물이 아직 마르지 않았는데 곤룡포를 입고 가마를 타고 대전에 앉아 축하의 인사를 받는다. 높은 궁궐, 넓은 정원에 처첩들은 귀해지고 자식들은 살이 찐다."

이렇게 보면 황제는 도적만 못하다. 도적은 훔치고 죽이면서 늘 어느 정도 죄책감을 갖는다. 또 부득이한 측면도 없지 않다. 하지만 황제는 천하의 백성을 죽이고 쥐어짜고 부리는 것을 당연하게 여기고, 또 그렇게 해놓고도 태연자약이다. 이런 상태가 한 해 두 해 계속되면 황제가 된 자는 갈수록 교만해져 아무런 구속도 없고, 법도 하늘도 없이 자기 멋대로 행동한다.

오랜 세월 억압당해온 백성들은 마지못해 억압을 견디다 보니 노예근성이 생겨 무슨 일이든 겁을 먹고 소심해지고, 구차하게 편안함만 추구하고 진취적 생각은 하지 못하게 된다. 이런 상호영향과 악성순환이 2천 년 넘게 지속되었으니 중국의 우매함, 빈곤함, 낙후의 진정한 원인이 바로 여기에 있었다.

이렇게 2천 년 가까이 지속되어 온 왕조체제에 대한 깨어 있는 중국 지식인들의 심각한 고민과 비판은 명 왕조가 이민족 만주족에 의해 멸망 당하는 위기 속에서 시작되었다.

정도전의 꿈과 좌절

조선 왕조 건국의 주체였던 삼봉 정도전(1342~1398)이 주도하여 편찬한 1394년 《조선경국전》의 기본정신은 입헌군주제였다. 정도전이 중국식 왕조 체제와 멸망한 고려 왕조의 문제점들을 얼마나 제대로 인식했는지는 알 수 없지만, 《조선경국전》이 구상한 정치 체제는 당시로서는 매우 앞선 것이었다.

그러나 정도전이 구상한 의정부 중심제의 이른바 '군약신강(君弱臣强)'의 정치 체제는 권력에 대한 의지만이 전부였던 이방원에 의해 무참하게 짓밟

힌다. 태종이 된 이방원은 척신과 외척들의 정치 참여를 원천적으로 봉쇄하고 절대군주제를 확립했다.

이후 세종의 치세를 거치면서 집현전을 중심으로 한 신권이 강화되고, 어린 단종의 즉위와 함께 군권이 위협받자 세조가 다시 쿠데타를 일으켜 신권의 싹을 완전히 없애버렸다. 세조는 단종을 죽이고 사육신으로 대표되는 신하들을 무수히 처단함으로써 절대 왕권 체제를 확고하게 다졌다.

건국 초기의 병목 위기를 헤쳐나가기 위해서는 강력한 왕권이 필요했다는 논리를 들먹이며 이씨 왕조의 정당성을 대변하는 주장들이 적지 않다. 하지만 사실 조선 왕조는 대외적으로 위협하는 세력도 없었고, 망한 고려 잔당들이 다시 일어날 가능성도 거의 없는 상황이었기 때문에 태종과 세조의 쿠데타와 잔인한 살육은 권력을 신하들에게 위임할 수 없다는 이씨 왕족과 그를 추종하는 소인배의 권력욕이 야합한 산물에 다름 아니었다.

이렇게 해서 조선은 훈구 보수세력, 즉 소인배들에 의해 지배당하는 무기력한 나라로 변질되었고, 이후의 역사는 임진왜란, 정묘재란, 병자호란을 거쳐 일본에게 나라를 빼앗기는 비극으로 끝이 났다.

문제는 조선이 제대로 된 개혁이나 체

그 당시로는 세계사적으로도 놀라운 발상인 입헌군주제를 구상했던 정도전.

제 청산을 경험하지 못한 채 숱한 문제와 모순을 그대로 남겼다는 점이다. 다름 아닌 왕조 체제의 열악한 문제점들과 잔재들이 지금 우리 사회 곳곳에 악영향을 미치고 있는 현실이다. 좀 과장해서 말하자면, 정도전이 구상했던 정치 체제의 좌절이 역사의 진보를 500년 가까이 정체시켰다고 할 수 있다.

왕후장상영유종호(王侯將相寧有種乎)

사마천은 3천 년 중국 통사 《사기(史記)》를 체계적이고 효율적으로 저술하기 위해 기전체(紀傳體)라는 서술 체제를 창안했다. 주로 제왕들의 기록인 본기(本紀), 연표에 해당하는 표(表), 국가의 제도와 문물을 전문적으로 다룬 서(書), 제왕들을 보좌하여 천하대세의 흐름을 주도했던 인물들을 주로 다룬 세가(世家), 수많은 보통 사람들의 특별한 기록인 열전(列傳)이 그것이다(기전체는 본기의 기와 열전의 전을 따서 만들어낸 단어이다).

사마천은 주로 제후나 공신들의 기록인 세가에다 특별한 두 사람을 편입시켰다. 춘추시대 유가 사상가로서 고대 문화를 집대성한 공자(孔子, 기원전 551~기원전 479)와 농민봉기를 이끈 진승(陳勝, ?~기원전 208)이란 인물이었다. 평민 출신으로서 제후나 공신 반열에 오르지 못한 공자를 세가에 편입시킨 의도는 그의 문화적 업적을 높이 평가했기 때문이다. 유가가 훗날 역대 왕조의 배타적 지배 이데올로기로 수용

되면서 공자의 세가 편입에 대한 시비는 그다지 없었다.

사실 사마천은 본기나 세가에 꼭 제왕과 제후만 들어가야 한다는 원칙을 세우지도 않았다. 본기에 항우도 넣고, 심지어 여태후까지 포함시켰다. 그런데 두 번째 정사를 남긴 반고(班固)의 《한서(漢書)》부터 관변 어용학자들이 자기들 멋대로 그런 원칙을 정해 버리고는 되려 사마천을 공격하기 시작했다.

수구 보수적이고 완고한 유가 학자들이 지배 세력이 되면서 유연하고 열려 있는 사고방식을 갖고 역사서를 썼던 사마천은 눈엣가시였다. 조선시대 지배세력들이 자신들과 조금만 생각이 다르면 '사문난적(斯文亂賊)'으로 몰아 가차 없이 제거했던 것과 별반 다를 것이 없었다. 더 큰 문제는 세가에 편입된 또 한 사람인 진승이었다.

진승이 누구인가? 신분상으로는 평민보다 못한 고용 노동자였고, 정치적으로는 최초의 통일 왕조 진(秦)나라의 폭정에 반기를 들고 농민 봉기군을 일으켰던, 진 왕조의 입장에서 보자면 역적이었다. 그러나 진승의 봉기는 진 왕조를 무너뜨리는데 결정적인 작용을 했다. 진승의 죽창이 제국의 제방에 구멍을 냈고, 그 구멍으로 거대한 역사의 폭풍우가 몰아쳐 제국 전체를 무너뜨렸다.

사마천이 진섭을 세가에 편입한 사실 때문에 수구 보수 세력들이 쌍심지를 켜고 사마천을 비난하고 나섰다. 금나라 때의 학자 왕약허(王若虛, 1174~1243)는 심지어 사마천을 죽여도 시원찮다고 악담을 퍼부었다. 사마천은 진승의 농민 봉기를 대단히 심각하게 평가했다. 사마천은 〈진섭세가〉를 지은 동기에 대해 이렇게 말했다.

'왕후장상의 씨가 따로 없다'는 외침으로 부당한 체제와 권력자에 강렬하게 저항했던 진섭의 봉기를 나타낸 조형물(진섭의 무덤 앞 광장).

　"걸과 주가 왕도를 잃자 탕과 무왕이 일어났고, 주 왕실이 왕도를 잃자 《춘추》가 지어졌다. 진이 바른 정치를 잃자 진섭(진승)이 들고 일어났다. 제후들도 따라서 난을 일으키니 바람과 구름이 몰아치듯 마침내 진을 멸망시켰다. 천하의 봉기는 진섭의 난으로부터 발단되었으므로 제18 〈진섭세가〉를 지었다."

　사마천은 진승의 봉기를 탕과 무왕의 역성(易姓)혁명에 비유할 정도로 높이 평가했고, 그래서 당당히 세가에 편입시켰다. **백성들을 위하지 못하는 정권이나 왕조는 무너져야 한다는 논리**에 다름 아니었다. 그랬기에 사마천은 **"왕과 제후, 장수와 재상의 씨가 따로 있더란 말이냐(왕후장상영유종호王侯將相寧有種乎)?"**는 진승의 외침을 그대로 전했다. 누가 되었건 부당한 권력에 대한 견제와 항거는 정당하다는 의미이다.

제왕적 권력에 신음하는 직선 대통령제

《좌전(左傳)》은 진나라 통일 훨씬 이전에 만들어진 책인데, 그 당시에는 훗날 황제를 정점으로 하는 왕조 체제라는 물건이 나타날 줄 몰랐다. 《좌전左傳》양공 14년 조항에 보면 진(晉)의 악사 사광(師曠)의 다음과 같은 말이 나온다.

"하늘이 백성을 사랑하시니 어찌 한 사람이 온 백성의 머리에 올라타고 마음대로 나쁜 짓을 하게 하겠는가? 인간의 본성에 어긋나는 것 아닌가? 이런 일이 있어서는 안 된다."

사광은 절대 권력의 황제와 왕조 체제가 출현하기 수백 년 전에 이미 황제와 황제를 떠받치는 왕조 체제 같은 이런 물건이 출현해서는 안 된다고 생각했다. 그러나 사광의 말은 불길한 예견이 되고 말았다. 중국과 우리가 2천 년 가까이 이 체제를 겪으면서 숱한 고난을 당했고, 특히 우리는 그 잔재를 다 치우지 못해 여전히 심한 몸살을 앓곤 한다.

왕조 체제에서 제왕의 수중에 있는 최종 결정권, 최고 권력은 그것이 주는 유혹의 힘이 너무 컸다. 그래서 이를 이용하거나 이에 기생하여 엄청난 부귀영화를 탐하려는 야심가들이 끊임없이 속출했다. 왕궁 밖에서는 야심가들이 제왕 자리를 차지하기 위해 목숨을 걸고 싸우며, 왕궁 안에서는 제왕 신변의 소인배들이 권력을 손에 넣기 위해 역시 죽기 살기로 싸웠다.

다른 점이 있다면, 외부 야심가들의 쟁탈 방식은 주로 적나라한 싸움이고, 궁중 소인배들의 쟁탈방식은 음모와 간계를 동반한 암투였다는 것이다. 야심가들의 목표는 제왕 자리였고, 궁중 소인배들의 목표는 제왕의 실권 즉, '최종 결정권'이다.

그러니 소인(간신)은 제왕을 필요로 했고, 제왕은 소인(간신)을 필요로 했다. 어떤 때는 소인이 제왕을 우롱했고, 어떤 때는 제왕이 소인배를 우롱했다. 또 때로는 서로를 우롱했기 때문에 진위를 분간하기 어렵다. 정작 그 바닥을 들여다보면, 진짜 우롱당한 사람은 힘없는 백성들이었다.

왕조체제가 끝난 지 100년이 넘은 지금도 우리의 권력 체제를 흔히 하는 말로 제왕적 권력 체제라고 한다. 부끄러운 말이다. 우리 정치가 아직도 제왕적 통치 체제를 청산하지도 극복하지도 못했다는 고백이기 때문이다. 엄연히 국민들이 직접 자기 손으로 최고 권력자를 뽑는 민주제도 하에서 말이다. 더 큰 문제는 권력자를 정점으로 하는 그 내부의 행태 또한 왕조 체제의 그것과 많이 닮아 있다는 사실이다.

또 하나 더 큰 문제는 집권 후 레임덕이 심하게 오거나 자리에서 물러나기 전까지는 이 체제를 견제할 마땅한 수단과 방법이 없다는 것이다. 권력자가 갖고 있는 바로 그 최종 결정권에 빌붙어 최후의 순간까지 단물을 빨겠다며 맹목적으로 권력자에게 충성하는 소인배들이 극력 권력자를 옹호하기 때문이다. 심하면 자리에서 물러난 다음에도 그 권력자를 졸졸 따라다니며 권력자를 경호하기까지 한다. 심각한 패거리 정치문화가 그 뿌리를 깊게 내리고 있다.

여기에 제왕적 권력과 권력자에 대한 비판과 견제에 앞장서야 할 정당의 무기력과 권력자의 눈치를 보는 집권 여당과 경찰, 검찰, 사법부의 시녀화는 이런 제왕적 권력의 폐단을 더욱 부추기고 있는 현실이다.

왕부지는 한 나라를 망하게도 하고 흥하게도 하는 가장 근본적인 두 분야를 정치와 교육으로 보았다. 지금 우리 상황에 대한 지적이기도 하다. 권력에 대한 제대로 된 견제와 비판이 무기력한 상황에서 그 역할은 국민들이 떠안을 수밖에 없다. 이는 국민들이 제대로 뽑아야만 권력을 제대로 견제할 수 있다는 사실을 지금 우리 현실이 역설적으로, 하지만 강력하게 입증해 보이고 있다.

그리고 간절한 희망 사항으로 당리당략을 떠나, 지역감정을 넘어, 학연과 지연과 혈연을 구시대의 쓰레기통에 처박고, 지금의 이런 왜곡된 제왕적 권력 체제와 권력자를 강하게 비판할 수 있는 지도자와 집단지성이 요구되고 있다.

명나라 3대 황제 주체(朱棣, 성조成祖 영락제永樂帝)는 흔히 조선시대 수양대군 세조와 비교되는 제왕이다. 그 역시 쿠데타를 통해 조카 건문제(建文帝)를 내몰고 황제 자리를 찬탈했다.

그의 찬탈에 방효유(方孝孺, 1357~1402)란 학자가 극렬하게 저항하다 자신은 물론 10족이 죽임을 당하는 끔찍한 참화를 겪었다. 당시 도성이 파괴될 때 궁중에 큰불이 났고, 황제 건문제도 이미 화를 당했을 가능성이 있었다. 그래서 방효유는 상복을 입고 통곡을 하면서 대전으로 들어왔다. 방효유는 주체에게 대놓고 왜 쿠데타를 일으켰냐고 물었다. 당시 두 사람의 대화를 들어보자.

주체 주공(周公)을 본받아 성왕(成王, 건문제를 주나라 성왕에 비유)을 보좌하려 했다.

방효유 그 성왕은 어디 계시오?

주체 안타깝게 스스로 몸에 불을 질러 죽었지.

방효유 그럼 왜 성왕의 아들을 세우지 않는 거요?

주체 나라는 연장자에게 의지해야지(나이가 너무 어려 황제 자리를 감당할 수 없어 연장자인 자신이 자리에 앉아야 한다는 뜻이다).

방효유 성왕의 동생은 뒀다 뭐 하려고요?

방효유의 마지막 추궁에 주체는 변명거리를 찾지 못하고 말문이

막혔다. 주체는 보좌에서 내려와 "이건 우리 주씨 집안일이니 선생이 그렇게 신경 쓸 일이 아니잖소!"라고 달래면서 지필묵을 가져오게 한 다음 "(나의 즉위를) 천하에 알리는 조서는 선생이 쓰지 않으면 안 되겠소?"라며 강요했다.

방효유는 붓을 바닥에 집어던지며 주체를 향해 "목이 떨어져도 조서는 쓸 수 없소!"라고 고함을 쳤다.

체제가 아니라 부당한 리더가 문제라는 점을 인식시켜준 방효유.

이 말에 주체는 안색이 싹 변하면서 "구족을 다 죽여도?"라고 위협했다. 방효유는 조금도 동요하지 않고 "십족을 다 죽인다 해도 할 수 없소이다!"라고 응수했다.

화가 머리끝까지 뻗친 주체는 방효유의 9족을 몰살했을 뿐만 아니라 그의 문생들과 친구들도 닥치는 대로 죽였다. 이 일에 연루되어 죽은 사람만 873명에 이르고, 군대로 끌려간 사람은 천 명이 넘었다. **정말이지 공교롭게도 주공에 자신을 비유하고 나선 주체의 이런 논리를 조선시대 세조가 그대로 베꼈고, 사육신들이 이를 비난했다.**

이 사건에서 방효유는 불의를 참지 못하고 분연히 나섰으며 당당히 죽음을 맞이했다. 주체는 황제가 되었지만 결코 승리자가 될 수 없었다. 주체는 방효유의 명성을 빌려 자신의 의도를 분칠하려 했지만 그 의도는 철저하게 실패했고, 결국 '역신 찬탈'이란 오명을 역사에 영원히 남기게 되었다.

왕조 체제에서도 분명 이런 지성들이 있었다. 그렇다면 **문제는 체제가 아니라 역시나 리더였단 말인가? 아니면 그 리더를 뽑는 국민들이 문제란 말인가?**

"한 나라의 흥망은 보통 사람들 책임이다."

또 한 사람의 '위기의 사상가'였던 고염무(顧炎武, 1613~1682)의 일갈이다.

정치, 역사를 만나다

지록위마(指鹿爲馬)의 정치

저급한 정치 술수의 역사적 데자뷔

‘지록위마’는 지난 2천 수백 동안 스테디셀러 자리를 굳건히 지키고 있는 정치적 술수의 하나이다. 무엇보다 내 편 네 편을 확인하고 가르는 데 가장 유용하기 때문이다. 그러나 ’지록위마’는 마치 마약처럼 한순간 반짝 효과를 내지만 그 최후는 언제나 비참했다. 이는 역사가 입증하고 있다. 숱한 역사적 사례와 교훈이 버젓이 남아서 전하고 있음에도 지금 또 ‘지록위마’가 설치고 있다.

역사의 교훈을 인간만큼 무시하는 동물이 어디 있을까? 교훈은 그만두고라도 바로 얼마 전의 경험에서조차 배우지 못하는 정말 어쩔 수 없는 자들이 너무 많은 우리 현실이다. 지금 우리가 또 비극을 향해 올인하고 있다. 이번 비극은 지난 비극보다는 한결 코미디에 가까울 것 같기는 하다. ‘역사의 데자뷔’를 수시로 경험하지만, 마르크스의 말대로 한 번은 비극, 한 번은 희극이 아닐까? 2천 년 넘는 역사적 브랜드를 가진 ‘지록위마’라는 정치적 술수를 정밀 분석하여 그 의미, 특히 이 술수를 꿰뚫어 볼 수 있는 정치적 안목의 필요성 등을 생각해보았다.

2014년의 고사성어

2014년 연말, 〈교수신문〉은 올해의 사자성어로 《사기》 〈진시황본기〉에 나오는 유명한 사자성어인 **지록위마(指鹿爲馬)**를 선정했다. ‘지록위마’는 ‘사슴을 가리켜 말이라 한다’는 뜻으로, 중국 역사상 최초의 통일 제국 진나라의 멸망과 관계가 있다. 진나라는 기원전 221년 통일 후 불과 15년 만인 기원전 206년에 망했다. 기원전 210년에 진시황(秦始皇)이 죽고 불과 5년 만이었다.

진나라가 이렇게 단명한 데는 진시황의 뒤를 이은 진시황의 작은아들 2세 황제 호해(胡亥, ?~기원전 207)의 무능함이 가장 크고 심각하게 작용했다. 호해가 큰아들을 젖혀 두고 황제가 될 수 있었던 것은 조고(趙高, ?~기원전 207)라는 환관 출신의 간신 덕분이었다. 진시황이 급사하자 조고는 승상 이사(李斯, ?~기원전 208)와 몰래 짜고 유서를 조작했다. 호해는 조고와 이사에 의해 옹립되었고, 실제 권력은 환관 조고가 움켜쥐었다.

통일 제국의 권력을 장악한 조고는 어느 날 자신의 권력을 시험하기 위해 사슴 한 마리를 끌고 와서는 호해에게 말이라고 했다. 호해가 그게 사슴이지 어째서 말이냐고 지적하자 조고는 신하들에게 물어보자고 했다. 신하들의 의견은 갈렸다. 조고의 눈치를 보는 신하들은 조고를 따라 말이라 했다. 사슴이라고 한 신하들은 조고에 의해 제거당했다. 이렇게 해서 조고는 권력을 보다 확실하게 틀어쥘 수 있었고, 얼마 후 다시 정변을 일으켜 호해를 자살하게 만들었다.

진실과 거짓을 제멋대로 조작하고 속이는 언행을 비유하는 '지록위마'를 2014년 올해의 사자성어로 추천한 전문가들은 "2014년은 수많은 사슴들이 말로 바뀐 한 해였다."며 "온갖 거짓이 진실인 양 우리 사회를 강타했다. 사회 어느 구석에서도 말의 진짜 모습은 볼 수 없었

진2세 호해 무덤 주위에 조성되어 있는 '지록위마' 조형물.

다."라고 이유를 밝혔다. 또 "세월호 참사, 정윤회의 국정 개입 사건
등을 보면 정부가 사건 본질을 호도하고 있다."라는 지적도 있었다.

진시황의 죽음과 정변

'지록위마'는 이처럼 우리 사회의 심각한 현상을 비유하는 대표적인 사
자성어로 선정될 정도로 2천 년 넘게 인구에 회자되어 온 유명한 고사성어
다. 그래서 이 고사의 전체 줄거리와 그 의미를 좀 더 상세히 파악
해보고, 그것이 함축하고 있는 정치적 의미, 그리고 나아가 당시
정치 상황을 대비시켜 보는 것도 흥미로울 것 같았다. 이 고사성어
는 앞서 말한 대로 진시황의 작은아들로 조고의 정변으로 얼떨결
에 황제 자리에 오른 호해의 집권기와 뒤이은 진나라의 멸망과 밀

접한 관련이 있다.

호해는 어려서부터 중거부령(中車府令) 벼슬에 있던 조고에게 형법을 배웠다. 진시황 37년(기원전 210년) 진시황이 병으로 갑자기 세상을 떠나자 조고는 승상 이사를 설득하여 진시황이 유서를 조작하여 호해를 황제 자리에 앉히고 2세 황제라 불렀다. 아울러 조작된 유서를 가지고 진시황이 죽기 전에 자신의 후계자로 지목한 큰아들 부소(扶蘇)를 자살하게 했다.

즉위 후 호해는 진시황의 후궁으로 자식이 없는 사람들은 모두 진시황을 따라 죽게 하는 한편 여산(驪山)에다 만들고 있던 아버지 진시황의 무덤 공사를 재촉했다. 기록에는 70만 명의 죄수를 동원했다고 한다. 또 호해는 여러 왕자들과 대신들이 자신에게 복종하지 않을 것이 두려워 조고와 몰래 법률을 바꾸어 왕자와 공주 20여 명, 진시황의 측근 대신이자 자살한 큰아들 부소의 측근인 몽염(蒙恬), 몽의(蒙毅) 형제 등을 죽였다. 이들의 죽음과 연루되어 죽임을 당한 사람은 수를 헤아릴 수 없을 정도였다.

조고는 2세 황제 호해를 부추겨 진시황 때의 무리한 정책을 그대로 이어받게 했다. 진시황릉과 아방궁(阿房宮) 공사를 계속 밀어붙였고, 건장한 병졸 5만 명을 징발해서 함양을 지키게 하는 한편 활쏘기와 군견, 군마, 금수를 조련케 했다. 그러나 먹어야 할 사람은 많은데 식량이 모자라 각 군현에 식량과 사료를 징발하여 보급토록 하니 세금과 부역의 부담은 갈수록 심각해졌다.

2세 원년인 기원전 209년 7월 변방 수비를 위한 인원 징발이 극심해지는 와중에서 마침내 진승(陳勝)과 오광(吳廣)의 봉기가 터졌다. 반진투쟁의 광풍이 순식간에 관동(關東) 지역을 석권했다. 그러나 2세의 정책은 더욱 가혹해지기만 했다. 세금을 많이 거두는 신하를 유능한 관리로 평가했고, 사람을 많이 죽이는 자를 충신으로 여겼다. 형벌을 받은 자가 길거리에 널렸고, 시체가 저잣거리에 산처럼 쌓였다. 게다가 간신 조고의 모함에 넘어가 좌승상 이사를 죽이고, 우승상 풍거질(馮去疾)과 장군 풍겁(馮劫)을 핍박해 자살하게 만들었다. 조고는 막강한 자리인 중승상에 앉아 조정을 멋대로 주물렀다. 민심은 떠나고 각지에서 반란이 일어났다.

호해는 잇따라 올라오는 민심 이반과 반란에 관한 보고서를 외면했다. 심각한 보고를 올리면 벌을 주었고, 거짓으로 반란을 진압했다는 보고를 올린 자에게는 상을 주었다. 관리들은 호해의 입맛에 맞는 보고만 올렸다. 호해는 나라에 관한 중요한 정보와 철저하게

조고의 꼭두각시가 되어 분별없이 살다가 피살된 진2세 호해의 무덤.

차단되었다.

2세 3년(기원전 207년) 7월, 장한(章邯)과 왕리(王離)가 이끄는 진나라의 주력군이 항우와 유방에게 투항했고, 봉기군은 무관(武關)을 공격해왔다. 조고는 자신의 죄가 탄로나 처벌을 받을까봐 사위 함양령 염락(閻樂)과 함께 쿠데타를 모의했다. 조고는 2세가 망이궁(望夷宮)에 나간 틈을 타서 거짓으로 조서를 꾸며 궁을 포위하고 2세를 자살하게 만들었다. 2세가 죽은 다음 부소의 아들로 알려진 자영(子嬰)이 즉위하여 조고를 없앴으나 멸망의 길로 치닫기 시작한 진나라의 운명을 되돌릴 수는 없었다.

어설픈 정치 쇼 '지록위마'의 배경

잠시 시간을 앞으로 돌려 2세 호해의 폭정에 저항하는 농민 봉기가 일어났을 무렵으로 돌아가보자. 기원전 208년, 봉기군의 위세가 점점 강해졌다. 놀란 호해는 조고의 말에 따라 정치를 조고에게 위임한 채 깊은 궁궐 속으로 숨었다. 조고는 정적으로 바뀐 이사를 모함해서 아들과 함께 처형했다.

기원전 221년 천하가 통일된 뒤 불과 10여 년 만에 제국의 기반이 통째로 흔들리기 시작한 것이다. 안팎으로 위기를 느낀 조고는 호해를 정치 일선에서 물러나게 한 다음 기회를 봐서 호해마저 제거하고 자신이 황제가 되려고 했다. 이를 위한 사전 정지작업의 일환으로 조고가 꾸민 사건이 바로 저 유명한 '지록위마(指鹿爲馬)'이다. 당시 상황을 사마천은 이렇게 전한다.

조고가 반란을 일으키려 했으나 신하들이 따르지 않을까 두려워 먼저 시험을 해보기로 하고는 사슴을 가지고 와서 이세에게 바치며 "말입니다."라고 했다.

이세는 웃으며 "승상이 잘못 안 것 아니오? 사슴을 말이라고 하는군."라고 말했다. 그리고는 좌우의 신하들에게 물으니 신하들 일부는 아무 말이 없었고, 일부는 말이라 하며 조고의 비위를 맞추었고, 일부는 사슴이라 했다. 조고는 사슴이라고 말한 사람들에게 몰래 죄를 씌워 처벌했다. 이후로 신하들 모두가 조고를 겁냈다. (중략) 함곡관 동쪽 대부분이 진나라를 배반하고 제후들에게 호응했고, 제후들은 모두 자신들의 군대를 이끌고 서쪽을 향해 밀려들었다. 패공(유방)이 수만 명의 군사를 이끌고 무관을 함락시킨 다음 사람을 보내 조고와 사사로이 접촉했다. 조고는 이세가 노하여 자신을 죽이지 않을까 겁이 나서 병을 핑계로 조회에 나가지 않았다. (〈진시황본기〉)

'지록위마'라는 정치적 술수를 통해 조정 대신들을 통제하는 데 성공한 조고였지만 점점 더 조여오는 봉기군의 위세 때문에 불안했다. 사마천은 '지록위마'에 이어 봉기군들의 기세에 눌린 조고가 패공(유방)과 접촉하여 모종의 협상을 벌였음을 기록하고 있는데,

그 구체적인 내용은 기록에 남아 있지 않다. 전후 맥락으로 보아 조고 자신의 신변안전을 보장받기 위한 접촉이 아니었을까 추측할 뿐이다. 조고는 이런 자신의 행동이 호해의 심기를 건드릴까 겁이 나서 조회에도 나오지 않다가 결국은 사위 염락과 쿠데타를 일으켜 호해를 압박하여 자살하게 만들었다. 그리고는 호해의 형인 부소의 아들 자영을 후임으로 앉혔다. 즉위한 자영은 조고를 유인하여 살해하고, 때마침 함양으로 진격해 온 유방에게 나라를 내놓고 항복했다. 그해가 기원전 206년, 통일제국 15년 차였다.

최초의 통일제국이 환관 조고의 손에서 농락당하다가 불과 15년, 호해 즉위 5년 만에 어이없이 망하는 과정은 종종 역사의 미스터리로 다루어진다. 그리고 조고가 자신의 권력을 공고히 하기 위해 벌인 저 '지록위마' 장면은 솔직히 말해 어이없다고 해야 할 정도로 어설픈 정치적 쇼처럼 보인다. 진시황의 유서를 조작하고, 치밀한 논리로 당대 최고의 지식인 이사까지 설득하던 조고와 '지록위마'라는 유치한 정치 게임을 벌인 조고가 정말 같은 사람인가 하는 의문이 들기 때문

'지록위마'라는 정치 쇼의 연출자 조고

이다. 그래서 '지록위마'라는 웃지 못할 정치적 이벤트 내지 해프닝을 가능하게 했던 원인을 호해와 조고 두 사람을 중심으로 분석해보려고 한다.

정치 해프닝이 드러낸 심각성

정치나 경영의 관점에서 '지록위마' 고사를 한층 더 깊이 들여다보면 그 의미가 상당히 달리 보인다. 우선 '지록위마'라는 정치적 해프닝을 연출한 조고의 교활함도 문제지만 그게 통했다는 사실이 더 심각하다. 조고의 정치 놀이에 동조한 자들과 그 분위기에서 우리는 먼저 진나라 멸망의 그림자를 감지할 수 있다. 동시에 이 게임이 호해와 조고의 몰락을 예견하는 고사임을 통찰하게 된다. 우리 주변에도 이런 어리석은 꼼수로, 또는 자기 측근의 꼼수에 놀아나 자신의 몰락을 재촉하는 리더들이 의외로 많다. 그렇다면 '지록위마'는 단순한 해프닝이 아니라 정치적 몰락과 멸망의 원인을 암시하는 절묘한 배치이자 장면이라 할 수 있겠다.

이 해프닝을 좀 더 파고들면 '통치구역의 범위와 한계'라는 문제와도 만나게 된다. 사슴 정도밖에는 다스릴 수 없었던 조고가 능력 밖의 말을 다스리려 했으니 말이다. '사슴을 가리켜 말이라' 우겼던 조고, 별생각 없이 사슴을 사슴으로 보았던 호해, 두 사람 모두 자신들의 능력을 벗어난 통치구역의 범위를 자각하지 못하기는 마찬가지였다. 요컨대 우리는 자기 능력(실은 욕심)에 대한 과신이 개인과 조직은 물론 나라까지 멸망으로 이끌 수 있다는 씁쓸한 교훈을 '지록위마'에서 얻게 된다.

물론 호해는 이런 것 저런 것 생각하지 않고 그저 쾌락에만 몸을 맡긴 채 짧지만 잘 먹고 잘살다 갔다. 이는 역으로 말해 그가 지도 자감이 아니었다는 반증이기도 하다. 이렇듯 한 나라를 이끌었던 통치자의 죽음에서 우리는 의외로 많은 것을 도출해낼 수 있다. 이 부분을 좀 더 정교하게 분석해보자.

진시황이 남긴 유산

시간을 다시 몇 년 전으로 되돌려보자. 기원전 210년 진시황이 순시 도중 사구(沙丘)에서 쓰러져 일어나지 못함으로써 통일제국의 운명이 느닷없이 엉뚱한 방향으로 틀어지기 시작했다. 지척 거리에서 진시황을 모시던 조고는 일단 진시황의 죽음을 비밀에 붙인 채 비밀공작, 즉 무혈 쿠데타에 착수했다. 조고는 호해와 이사를 설득하여 유서를 조작했다. 대권 장악에 걸림돌이 될 태자 부소와 군부의 명망가 몽염에게 자살을 명하는 공문을 띄우고, 서둘러 함양으로 돌아와 진시황의 죽음을 알렸다. 동시에 작은아들 호해에게 황제 자리를 물려준다는 유서를 공개했다. 이렇게 해서 통일제국의 전권은 일단은 호해, 조고, 이사 세 사람 수중에 들어갔다.

쿠데타는 성공한 듯했지만 문제는 산적해 있었다. 우선 부소와 몽염을 죽이고 호해를 즉위케 하라는 진시황의 유서에 대한 의구심이었다. 이 때문에 호해와 조고는 무자비하게 진시황 때의 대신들과 혈족들을 숙청하여 입을 막는 무리수를 쓸 수밖에 없었다. 백성들에 대한 억압은 말할 것도 없었다. 진시황 사후 중단되었던 아방궁 축조를 재개한 것도 이런 내부 문제에 대한 관심을 다른 쪽으로 돌려보려는 졸렬한 시도였다. 국력 낭비가 초래되었음은 물론이다. 정권의 정통성이 의심을 받으면 흔히 나타나는 반응이었고, 이로써 호해 정권은 더 큰 의심을 사게 되었다. 악순환이 반복되었다.

즉위 이듬해부터 터지기 시작한 각지의 **봉기군을 대처할 능력도** 문제였다. 진승의 봉기를 진압하고 항량(項梁, 항우項羽의 숙부)을 정도(定陶) 전투에서 죽이는 등 제국의 군대는 여전히 막강했다. 하지만 명망 높은 장수들을 여럿 잃은 진나라 군대는 빠르게 동요했고, 호해와 조고는 이 동요를 수습하기에는 역부족이었다. 강압적인 명령에만 의존했다. 군부가 제국의 통제권에서 이탈하기 시작했다.

통일제국의 시스템과 정책 입안자였던 당대 최고의 경륜가 이사와의 관계 설정을 적절하게 조정하지 못하는 우도 범했다. 조고는 명망가 몽염과의 경쟁관계를 자극하여 이사를 쿠데타에 동참시키기는 했지만, 이사의 경륜을 시기하고 질투한 나머지 꼭두각시 호해를 이용하여 이사를 권력의 중심부에서 밀어냈다. 부귀영화에 목을 맨 출세 지상주의자 이사는 뒤늦게 자신의 잘못을 인식하고 호해에게 여러 차례 문제점들을 지적하려 했지만, 그의 목소리는 조고에 의해 차단당했다. 이런 이사를 조고가 살려둘 리 만무였다.

'지록위마' 고사는 귀족들의 무덤을 장식하는 벽돌 그림의 소재로도 활용되었다.

더 크고 심각한 문제는 절대 황제 진시황이 남긴 통일제국 그 자체였다. 그 규모, 즉 통치구역의 확대에 따른 통치 방식의 획기적인 전환이 뒷받침되지 못했다. 호해와 조고는 전례가 없는 통치구역과 새로운 시스템을 통치는커녕 통제조차 할 수 없는 역량의 소유자들이었다. 진시황이 통치의 효율을 위해 단행한 각종 통일정책과 정치·경제·군사·문화를 아우르는 교통망 정비가 역으로 감당할 수 없는 부담이 되었다. 단적인 예로 진시황이 닦아 놓은 도로망은 봉기군이 수도인 함양으로 진격하기 위한 가장 빠르고 효율적인 루트가 되었다.

진시황의 큰 야심과 함께 형성된 제국, 치밀하게 준비된 각종 통일정책과 시스템을 따라잡기에는 호해와 조고의 역량은 턱없이 모자랐다. 게다가 통일 이전의 습속에 길들여져 있던 백성들의 '관성력(慣性力)'이 새로운 통일제국을 향한 '향심력(向心力)'으로 전환되기도 전에 제국의 선장이 쓰러졌고, 후임 선장은 능력은 말할 것 없고 최고 권력자에 대한 최소한의 신뢰감조차 주지 못했다. 그러다 보니 통일제국으로부터 멀어지려는 '이심력(離心力)'이 '저항력(抵抗力)'으로 바뀌어 격렬한 화학적 반응과 결합을 일으킴으로써 제국을 송두리째 흔들어 놓기에 이른 것이다.

'지록위마'의 정치적 함의

조고는 정략과 정치적 술수에는 능했지만 권력관계를 조절하는 균형감각은 갖추지 못했다. 정적을 제거할 줄만 알았지, 이용할 줄은 몰랐다. 최고 권력자를 자신의 영달을 위한 수단으로 이용할 줄만 알았지, 제국과 백성을 위해 활용할 줄은 전혀 몰랐다.

호해는 현장 경험이 거의 없는 평범한 왕자에 지나지 않았다. 아버지와 형님에 대한 열등감에 사로잡힌 귀공자이었을 뿐이다. 그럼에도 권력의 유혹을 뿌리치지 못했다. 조고가 던진 무한 권력을 냉큼 떠안았다. 준비되지 않은 리더였고, 리더십이랄 것도 없었다. 욕심으로는 감당할 수 없는 크기의 제국을 운전하는 조타수는 더더욱 어불성설이었다.

권력의 크기와 통치 규모의 크기는 결코 정비례하지 않는다. 욕심의 크기와 권력의 크기가 비례하는 것도 아니고, 욕심의 크기와 통치 규모의 크기가 비례하는 것은 더더욱 아니다. 그 권력을 뒷받침하는 리더와 리더십의 질적 심화가 없이는 크기를 감당할 수 없기 때문이다. 과도한 부담, 능력의 범위를 벗어나 있는 영역을 호해는 제대로 인지조차 할 수 없었다. 그래서 조력자, 이른바 측근이 필요하고, 그로부터 생겨나는 오차 구역이 바로 여기로 자리를 튼다. 호해는 갈수록 조고에 의존할 수밖에 없었다. 사마천은 이렇게 말한다.

"그리하여 이세는 늘 깊은 궁중에 거처하면서 조고와 더불어 모든 일을 결정했다. 그 뒤로 공경들이 황제를 만날 기회는 줄고…….”

새로운 규모의 정치구역과 새로운 시스템을 감당하지 못한다는 것은 결국 사람을 감당하지 못한다는 말과도 통한다. 형제들에 대한 무자비한 살육과 이사 제거는 그 단적인 예에 지나지 않았다. 신하들과의 소통에 문제가 발생한 것은 당연했다.

호해의 통치 스타일은 기본적으로 아버지 진시황의 그것과 별반 다르지 않았다. 거대한 통일제국을 이끈 아버지 진시황은 호해에게는 오를 수 없는 산이었다. 그래서 호해는 아버지를 극복하는 대신 통치 스타일을 그저 원숭이처럼 흉내 냈다. 문제는 그나마 이 스타일을 유지할 수 있는 최소한의 정교한 통치철학과 리더십을 전혀 갖지 못했다는 것이다. 칼을 쥐고 있다고 다 무사(武士)가 되는 것이 아니다. 무작정 칼을 휘두르는 자는 무사가 아니라 무부(武夫)에 지나지 않는다. 각지에서 터져 나오는 반란의 와중에 엄청난 인력과 재정이 드는 아방궁 축조를 중지해달라는 이사와 장군 풍겁 등의 건의에 대해 호해는 모든 책임을 아랫사람들에게 떠넘기는 다음과 같은 궤변으로 일축했다.

“천하를 차지한 고귀한 사람은 무엇이든 하고 싶은 대로 다 하고 누릴 수 있어야 한다. 군주는 엄하게 법령을 밝혀 아랫사람으로 하여금 감히 나쁜 짓을 하지 못하게 함으로써 천하를 통치하는 것이다. (중략) 지금 짐이 즉위한 이후로 2년 동안 도적이 일어났는데도 너희들은 막지 못하였다. 게다가 선제의 업적마저 내버리려 하니, 이렇게 해서는 위로는 선제에 보답할 수 없고 아래로는 짐을 위해 충성을 다하지 못하게 되는데 그러고도 무엇을 믿고 자리를 차지하고 있단 말인가?"

진시황이 남긴 통일제국은 이제 막 개혁의 시작 단계에 있었다고 해도 과언이 아니다. 각종 통일정책은 전례가 없는 획기적인 정책들이었고, 방대한 교통망은 통일된 각 지역 간의 전방위 교류를 위한 최상의 네트워크였다. 진시황의 정책이 시간을 갖고 백성들로부터 당위성을 인정받고 공감대를 끌어냈더라면 제국의 방향은 전혀 달라졌을 것이다. 문제는 역량과 경륜이 전혀 뒷받침되지 않는 호해와 조고 따위가 제국을 떠맡았다는 사실이다.

통치 구역이 확대되거나 새로운 시스템이 장착되면 그에 따른 보다 더 정교한 시스템 장착과 리더의 무분별한 결정을 저지할 수 있는 합리적인 의사결정 구조를 갖추는 일이 급선무이다. 2세의 자질이 떨어질 때는 더욱 그렇다. 통일제국 진나라의 때 이른 몰락은 이 점을 가장 잘 보여준다. 창업주의 카리스마와 역량을 따르지 못하는 2세가 경영권을 가질 경우 일쑤 위기에 봉착하는 경우에 비유할 수 있겠다.

진시황은 자신의 능력을 과신했을 뿐만 아니라 자신의 죽음도 인정하지 않으려 했다. 불로장생에 대한 욕망에다 죽음이란 단어조차 혐오했던 신경질적인 집착이 결국은 후계자 문제를 미리 정리하지 못하는 치명적인 실책을 저지르는 잠재적, 하지만 결정적인 요인으로 작용했다. 사실, 진시황이 조금만 일찍 후계 문제를 대외적으로 공표했더라면 조고는 쿠데타에 엄두도 못 냈을 것이다. 전임자의 후계 계승에 대한 확고한 인식이 얼마나 중요한가를 절감하게 된다.

어떤 면에서 통일 제국이 조기 퇴장당한 궁극적 책임은 진시황에게로 돌아갈 수밖에 없다. 물론 능력 밖의 영역을 탐했던 조고와 호해, 그리고 이사의 책임 또한 결코 진시황 못지않다는 점도 분명하다. 통치의 방식을 흉내 내는 것이 아닌 통치의 본질을 인지하는 최소한의 자질을 이들은 갖추지 못했기 때문이다. 어쩌면 이 역시 전혀 새로운 제국의 시스템이 이들의 자질을 질식시켰는지도 모른다.

부패한 정치인들이나 기레기 언론들은 일쑤 '지록위마'와 같은 짓거리로 국민들을 편 가르고 상식을 뒤틀고 판단력을 흩어 놓으려 한다. '사슴을 가리켜 말이라 한다'는 '지록위마'라는 사자성어는 그런 사악한 의도를 비판하는 역사적 차원에 놓여 있다. 나아가 고의로 진상을 가리고 시시비비를 뒤바꾸는 행태, 자기 편과 그렇지 않은 편을 확인하려는 비열한 술수를 비유한다. 지금도 여전히 우리 정치가들과 정치판이 벌이고 있는 자기 기만적 정치 쇼가 '지록위마'와 하등 다를 것이 없어 보인다.

큰 정치가들이 사라지고 사욕에 찌든 지역 패권주의자들의 배신의 정치만 넘쳐나는 우리 정치판의 한계는 이미 임계점을 넘어섰다. 이를 모르고 여전히 벌어지고 있는 '지록위마'의 정치를 보면

'지록위마'의 연출자는 조고였지만 연출에 따라 화려한(?) 연기를 보여준 주연은 최고 통치자 호해였고, 호해는 단 5년 만에 나라를 말아먹었다.

더 그렇다는 생각이 든다. 조고가 연출한 '지록위마'가 한 나라의 멸망을 암시하는 치명적인 정치 놀이였다면, 지금까지 벌어졌고, 그리고 지금도 벌어지고 있는 우리 정치판의 '지록위마'는 과연 어떤 결과를 초래할 것인가?

이제 국민들 다수가 집단지성이 되었고, 갈수록 그 양과 질은 확대될 것이다. 완전하지는 않지만 '지록위마'와 같은 저열한 정치 쇼는 먹히지 않는 시대가 되었다. 그럼에도 한쪽에서는 여전히 이 쇼에 집착하는 자들이 준동하고 있다. 우리에게 그럴 일은 없겠지만, '지록위마'의 쇼 때문에 거대한 제국 하나가 몰락한 엄연한 역사적 사실이 있었다는 점을 단단히 기억해두자. 그래야 쇼를 쇼로만 볼 수 있다.

06

아부(阿附)의 기술, 아첨(阿諂)의 정치

타락한, 타락하는 정치판의 ABC

타락한, 타락하는 정치판에 예외 없이 어김없이 나타나는 기술 (?)들이 있다. 물론 정상적인 정치에도 이런 기술이 없는 것은 결코 아니다. 정도와 빈도의 차이일 뿐이다. 차원 높은 고급 정치에서 구사되는 기술들은 정교하고 치밀하며 법과 규칙에서 벗어나지 않는다. 그 사이를 아슬아슬하게 줄타기를 할지언정 결코 나쁜 쪽으로 선을 넘지 않는다. 이것이 고도의 정치술이다.

그러나 썩은 정치판에는 이런 고급스러운 기술이 없다. 그 판에서 노는 자들이 썩어 있기 때문이다. 수준 높은 지식과 안목, 그리고 깊이 있는 유머가 오가는 협상은 눈을 씻고 찾아도 찾을 수 없다. 오로지 사리사욕, 권모술수, 음모만 횡행할 뿐이다. 그리고 정해진 마지막 길은 정치무대에서의 소멸뿐이다. 지금 우리 정치에서 수구 정당 하나가 소멸의 길을 걷고 있다. 결과는 해피엔딩이 될 것이다. 소멸되어 가는 쪽에 횡행하고 있는 아부의 기술들만 모아보았다.

최초의 아첨꾼들 기록, 〈영행열전(佞幸列傳)〉

사마천의 《사기》에는 특별하고 특이한 기록들이 적지 않다. 테러리스트들의 기록인 〈자객열전(刺客列傳)〉이 있는가 하면, 코미디언의 기록인 〈골계열전(滑稽列傳)〉이 있다. 그런가 하면 권력자에게 빌붙어 일신의 영달을 위해 아부와 아첨을 서슴지 않는 아부꾼 내지 아첨꾼에 관한 〈영행열전〉이란 것도 있다. 사마천은 〈영행열전〉의 첫 대목을 다음과 같이 시작하고 있다.

"속담에 '힘써 농사짓는 것보다는 풍년을 만나는 것이 낫고, 착하게 벼슬살이하는 것보다 임금에게 잘 보이는 것이 낫다'고 했는데 이 말이 정말이지 빈말이 아니다. 여자만 미모와 교태로 잘 보이려는 것이 아니다. 벼슬살이에도 그런 일이 있기 마련이다."

정계와 관계에서 편히 잘 먹고 잘살려면 권력자에게 잘 보이는 것이 정직하게 살려는 것보다 훨씬 낫다는 지적이다. 그러면서 사마천은 서한 왕조에 들어와서 갖가지 수단과 방법으로 황제에게 잘 보여 출세한 자들을 열거하고 있다.

이들 아첨꾼들의 위력은 대단했다. 한나라를 창업한 고조 유방은 그 성품이 사납고 강직하여 아첨꾼들을 체질적으로 싫어하는 군주였다. 그런 그도 적(籍)이라는 아첨꾼을 총애하여 늘 곁에 두었다, 심지어 황제에게 올리는 보고도 이자를 통해야만 했다. 고조 유방의 아들 혜제(惠帝) 때 사랑을 받은 굉(閎)이란 아첨꾼은 그 위세가 얼마나 대단했는가 하면, 젊은 예비 관료들이 모조리 굉처럼 새털로 꾸민 모자와 조개껍질로 장식한 허리띠에 분을 바르고 다니면서 공공연히 자신들이 굉의 패거리임을 과시했다.

사마천은 이자들이 무슨 재주가 있어서가 아니라 그저 순종하고 아부하는 것으로 황제의 마음을 흔들어 놓았기 때문이라고 했다.

아부꾼과 아첨꾼의 언행을 기록한 《사기》〈영행열전〉의 첫 부분.

사마천은 권력자가 아무리 자기 의지가 강해도 자기 말에 무조건 복종하고 비위를 맞추는 아부꾼에게 약할 수밖에 없다는 점을 정확하게 간파했다. 인간은 이성의 동물인 동시에 감정의 동물이다. 그러나 이성이 감정을 이기기란 여간 어렵지 않다. 역사를 보아도 대대로 자기통제가 강한 뛰어난 소수의 리더들만 이성에 굴복할 줄 알았다. 아부와 아첨의 정치가 통치자를 흔들고 나라를 혼란으로 몰아간 사례가 헤아릴 수 없이 많았던 것도 '인성의 약점'이란 근본적인 문제가 인간의 본성에 잠재해 있었기 때문이다.

아부의 기술

권력이 제왕 1인에게 집중된 왕조 체제에서 아부와 아첨이 정직하고 깨끗하게 사는 것보다 부와 권력을 누리는 훨씬 빠른 길임을 안 이후로 수도 없이 많은 아부꾼들이 출현했다. 물론 그에 따라 놀라운 아부의 기술들이 창안되었다. 이런 현상은 지금이라고 해서 별반 달라지지 않았다. 어떤 면에서는 지금이 오히려 더 정교하고 사악해졌다. 모두 인성의 약점을 정확하게 파고든 결과물들이었다. 그런 아부의 기술들을 한번 살펴보자.

아부나 아첨의 기술을 '**첨유지술(諂諛之術)**'이라 한다. 이 기술의 핵심은 상대가 눈치를 채지 않게 나름대로 어떤 표현(의중)을 전달할 수 있어야 한다는 데 있다. 대표적인 사례를 보자. 전국시대의 유명한 유세가 장의(張儀)가 초나라에서 식객으로 머물고 있을 때의 일이다. 언제부터인지는 몰라도 장의는 초나라 왕의 자신을 대하는 태도가 점점 싸늘해지고 있음을 느꼈다. 자신에 냉담한 것은 물론 자신의 견해에 대한 감정도 악화되고, 심지어는 시종들 사이에서도 자신에 대한 불만의 목소리가 들려올 정도였다. 장의는 생각하는 바가 있어 초왕을 만나 담판을 지었다.

"귀국에서 저를 필요로 하지 않는 것 같으니 북쪽 위나라 군주를 만날까 합니다."

"좋소! 원한다면 가시오!"

"덧붙여 한 말씀 더 드리겠습니다. 위나라에 대해 무엇인가 필요로 하시는 것이 있으면 제가 그곳에서 가져다 대왕께 바치도록 하겠습니다."

"금은보화나 상아 등 모두 우리 초나라에 흔한데, 위나라에 대해 무엇을 필요로 하겠소?"

"그렇다면 대왕께서는 여자를 좋아하시지 않는 모양이군요."

"무슨 소리요?"

"정(鄭)이나 주(周)나라는 중원에서도 아름다운 여자로 유명해서 흔히 사람들이 선녀로 오인할 정도죠."

장의는 이 대목을 유달리 강조해 두었다. 당시 초나라는 남방의 후진국으로 문화가 앞선 위나라 등 중원 지구에 대해 일종의 열등감 같은 것을 느끼고 있던 차였다. 초왕이 관심을 보였다.

"초나라는 남방에 치우쳐 있는 나라요. 중원의 여자가 그렇듯 아름답다는 것은 소문으로만 들었지 아직 직접 보지는 못했소. 그러니 신경 써서……."

초나라 왕은 장의에게 자금을 두둑이 내려 주었다. 왕후 남후(南后)와 초나라 왕이 총애하는 후비 정수(鄭袖)가 이 얘기를 듣고는 속으로 매우 초조해했다. 두 사람은 약속이나 한듯 장의에게 사람을 통해 많은 황금을 보냈다. 말로는 '여비에 보태라'는 것이었지만, 실제로는 미녀를 초나라로 데려오지 말라는 의사표시였다. 남후와 정수는 《전국책》에서도 말한 바와 같이 '초나라에서는 귀한 존재'로 대단한 권세를 누리고 있었다. 장의의 꾀는 여기까지가 시작에 불과했다. 장의는 또 하나의 깊은 계략을 준비하고 있었다. 그는 길을 떠나기 전에 초나라 왕에게 자신을 위해 술자리를 베풀어줄 것을 요청했다.

"요즈음 같은 난세에 길을 떠나면 언제 다시 왕을 뵐 수 있을지 기약을 할 수 없사오니, 아무쪼록 술자리를 한 번 마련해 주십시오."

초나라 왕은 장의를 위해 송별회를 마련했다. 술자리가 거나하게 무르익을 무렵 장의가 갑자기 큰절을 하며 "더 이상 이런 자리는 없을 것 같사오니, 원하옵건대 왕께서 가장 아끼시고 사랑하는 분들로부터 술을 한 잔 받았으면 합니다만……"라고 말했다. 왕은 허락하고 곧 남후와 정수를 불러 장의에게 술을 따르게 했다. ……두 여자를 본 장의는 탄성을 지르며 초나라 왕 앞에 무릎을 꿇고 또다시 넙죽 절을 했다.

"이 몸 장의, 대왕께 사죄드리옵니다."
"무슨 소리요?"

장의는 이 대목에서 또 한 차례 입술에 침도 안 바르고 달콤한 말을 내뱉었다.

"이 장의, 천하를 두루두루 다 돌아다녀 보았지만 이토록 아름다운 미인들은 보지 못했사옵니다. 그런데 위나라에 가서 미녀를 얻어 오겠다고 했으니, 대왕을 속인 것이 아니고 무엇이겠사옵니까?"

이렇게 절세가인을 둘씩이나 거느리고 있는 초나라 왕에게 다른 나라에 가서 또 다른 미녀를 데리고 오겠다고 했으니 왕을 속인 죄 죽어 마땅하다는 것이었다. 자기 후비를 극찬하는 말을 들은 초왕은 화를 내기는커녕 "개의치 마시오. 나 역시 천하에 저들처럼 아름다운 여인은 없다고 생각하고 있소."라며 장의의 말에 맞장구를 쳤다. 남후와 정수는 일찍부터 평범한 칭찬에 싫증이 나던 차에, 장의처럼 비중이 있는 인물로부터 극찬을 듣고 보니 여간 기분이 좋은 게 아니었다. 장의는 이렇게 해서 교묘한 아첨술로 초나라 궁정의 총애와 신임을 한 몸에 받게 되었다.

상대방을 기쁘게 하는 가장 좋은 방법으로 상대의 필요한 부분을 만족시켜 주는 것보다 좋은 것은 없다. 무작정 후한 예물과 아부로만 되는 것은 결코 아니다.

투기소호(投其所好)

아부의 기술 중 가장 보편적인 것이 '상대가 좋아하는 것을 던져준다'는 '투기소호'다. '상대가 좋아하는 것이나 비위를 맞춘다'는 뜻의 '투기소호'는 겉으로 드러나는 양모(陽謀)와 드러나지 않는 은밀한 음모(陰謀) 모두를 포함하는 이중성을 갖고 있다. 핵심은 상대가 좋아하는 것을 파악해 거기에 영합하는 것이다.

기원전 658년 진(晉)나라 대부 순식(荀息)은 굴지(屈地)에서 나는 좋은 말과 유명한 수극(垂棘)의 옥을 우공(虞公)에게 뇌물로 주고 우나라의 길을 빌어 괵(虢)을 멸망시킨 다음 돌아오는 길에 우나라까지 멸망시켰다. '투기소호'의 모략을 성공적으로 활용한 좋은 본보기다. '가도벌괵(假道伐虢)'이란 고사성어는 여기서 나왔다.

순식은 우공이 재물을 탐내고 이득이 생기는 일이라면 의리쯤은 헌신짝처럼 버리는 인물이라는 사실을 정확하게 간파했다. 그에 맞추어 그에게 뇌물을 먹이는 한편 감언이설로 그를 칭송했다. 우공은 진나라가 친구의 나라이지 다른 야심을 가진 적이라는 사실을 알아채지 못했다. 우공은 궁지기(宮之奇)의 충고에도 귀를 기울이지 않았다. 그 결과 나라는 망하고 그 자신은 포로로 잡혀, 진나라 헌공(獻公)의 딸이 시집가는데 딸려가는 혼수품 신세가 되었다.

춘추시대 최초의 패자 노릇을 했던 제나라 환공의 측근으로 수조(竪刁), 역아(易牙), 개방(開方) 세 사람이 있었다. 이들은 모두 음흉한 정치적 목적을 숨기고 갖은 궁리를 다해 권력자에 접근했다. 세 사람 모두 아부, 뇌물, 부추김, 감언이설 등 온갖 수단과 방법으로 '상대의 비위를 맞추는' '투기소호'의 모략으로 환공의 환심과 신임을 얻었다.

수조는 환공을 옆에서 보살피는 직책상의 이점을 한껏 활용했다. 늘 환공의 말과 행동을 유심히 관찰하여 환공의 습관을 비롯하여 각종 기호를 철저하게 알아냈다. 그런 다음 사사건건 환공이 바라는 것, 좋아하는 것, 하고 싶은 일을 도맡아 처리했다. 환공은 이런 수조의 마음 씀씀이에 홀딱 넘어갔다.

역아는 요리에 능했다. 그는 맛난 요리로 먼저 환공의 애첩 장위

(長衛)의 총애를 얻은 다음 환공에게 접근하여 신임을 얻었다. 언젠가 한번은 환공이 농담으로 사람 고기를 먹어 본 적이 없다며 사람고기 맛은 어떤지 모르겠다는 말을 했다. 역아는 세 살 난 자기 친아들을 삶아서 그 고기를 환공에게 갖다 바쳤다. 환공은 역아가 자신을 위해 친자식까지도 희생했다며, 자신을 사랑하는 마음이 친자식을 사랑하는 마음보다 더 갸륵하다며 칭찬을 아끼지 않았다. 역아도 환공의 총애를 한 몸에 받았다.

개방은 환공이 여자를 밝힌다는 사실을 알고는 위(衛)나라 의공(懿公)의 딸이 아름답다며 환공에게 추천했다. 환공은 의공의 두 딸을 차례로 첩으로 삼았고, 개방도 환공의 총애를 받게 되었다. 환공이 첩으로 삼은 두 여자는 개방의 누이들이었다.

춘추시대 최초의 패주였던 제 환공은 말년에 아첨꾼들에 홀려 비참하게 굶어 죽었다.

제나라 환공은 이 세 간신들에게 홀려 음탕한 생활에 빠졌고, 결국은 굶어 죽는 비극적인 화를 자초했다. 죽기 직전에 후회했지만 때는 이미 늦었다.

봉건사회에서 군주는 대부분 독재권을 휘두르는 존재였고, 신하는 오로지 그 명령에만 따랐다. 민주니 인권이란 개념 자체가 없었다. 따라서 간신배나 소인배들 치고 아부와 음모 등 갖은 수단과 방법으로 군주의 비위를 맞춤으로써 통치자의 신임을 얻으려 하지 않은 자는 없었다.

'투기소호'가 음모로 사용될 때는 더욱 보편적인 모습을 띠고 등장한다. 동서고금을 막론하고 투기꾼 정객들의 뛰어난 장기의 하나였다. 이런 음모가 자라날 수 있는 토양만 존재한다면 언제든지 활용될 여지가 있기 때문에 권력이 작동하는 곳이라면 언제나 경계의 대상이 될 수밖에 없다.

중상제인(中傷制人)

중상모략 역시 아부꾼이나 아첨꾼들이 흔히 사용하는 방법이다. 이를 다른 말로는 '중상제인'이라 하는데 '중상으로 상대를 제압한다'는 뜻이다. '중상'이란 근거 없는 말 따위로 다른 사람을 헐뜯고 해친다는 뜻이다. 중국 역사의 격동기였던 전국시대에는 많은 사람들을 죽게 만든 유언비어와 중상모략의 수단이 널리 사용되었다. 이 중상모략은 많은 돈이나 큰 힘이 드는 것이 아니었기 때문이었다. 설사 상대가 반격하려 해도 목표를 찾을 수 없다. 게다가 효력은 놀랍다. 전국시대의 기록인 《전국책》에는 중상모략에 관한 역사적 고사가 많이 기록되어 있다. 그중 하나를 소개한다.

이웃 나라 임금이 초나라 왕에게 미녀를 선물했다. 초나라 왕은 이내 그녀에게 빠졌다. 초왕의 애첩들 중 정수(鄭袖)는 새로 온 미녀에게 특별한 관심을 가지고 옷, 장식품, 가구, 이불 등을 아낌없이 주었다. 그 관심의 정도는 초왕보다 더하면 더했지 결코 뒤지지 않았다. 그녀의 이런 행동은 초왕을 감동시켰다.

"여자는 미모로 남자를 휘어잡으려 하고 시기심과 질투심이 강한 것이 일반적인데, 정수는 내가 그녀에게 잘 대해 주고 있다는 사실을 알면서도 나보다 더 그녀를 잘 보살피는구나. 마치 효자가 부모를 공경하듯 충신이 임금을 섬기듯, 사사로운 욕심을 버리고 나를 위해 그렇게 해주다니 좋은 여자로고!"

초왕이 정수를 칭찬하고 있을 때, 정수는 조용히 그 미녀를 찾아가 이런 말을 하고 있었다.

"왕께서 너를 무척이나 아끼시지만 오직 한 가지, 네 코가 다소 마음에 들지 않으신 모양이다. 그러니 다음부터는 천으로 가리고 왕을 뵙는 게 좋을 것이야."

미녀는 정수의 충고에 아주 감격해 하며 왕을 만날 때면 늘 천으로 코를 가렸다. 초왕은 의아했다. 그러다 하루는 정수에게 그 까닭을 물었다.

"어째서 나를 볼 때면 천으로 코를 가리는지 그 이유를 아는가?"

"저는 잘 모릅니다만, 다만……."

"괜찮으니 말해 보라."

"대왕의 몸에서 나는 냄새를 싫어하는 것 같습니다만……."

"뭐야! 이런 발칙한 것 같으니!"

초왕은 즉시 그 미녀의 코를 베어 버리라고 명령했다.

중상모략과 중상제인은 권력자의 신임을 잃게 만드는 데 가장 많이 동원되는 수단이자 방법이다. 그러나 중상모략을 상대가 알아차릴 경우 그 작용과 효과는 보잘것없어질 뿐만 아니라 때로는 완전히 역효과를 내서 자신이 큰 곤경에 처하게 된다. 간사한 자를 제거하려면 이런 중상모략을 정확하게 간파하여 역이용할 줄 알아야 한다.

차도살인(借刀殺人)

'남의 칼을 빌려 상대를 죽인다'는 '차도살인' 역시 아부꾼이나 아첨꾼들의 단골 메뉴다. 자신은 나서지 않고 다른 사람의 입을 빌려 타인에게 해를 가하거나, 다른 사람의 손을 빌어 상대를 제거하는 것을 비유한다. 이 계략은 서로 속고 속이는 술수로써 부패한 관료 사회 내지는 민간의 거의 모든 분야에서 보편적으로 볼 수 있었던 모략이다.

청나라 때의 소설가 조설근(曹雪芹, 1710~1763)이 《홍루몽(紅樓夢)》 제16회에서 "우리 집안의 모든 일들은 그 할망구가 사사건건 간섭

하는데 뭐가 좋겠어? 조금만 잘못해도 '빗대어 욕하는' 잔소리란
······'산에 앉아서 호랑이가 싸우는 구경이나 하고', '남의 칼을 빌어
사람을 죽이고', '바람을 빌어 불을 끄고', '남의 어려움은 강 건너
불구경하듯 하고', '잘못을 저질러 놓고도 모른 척하고', 이 모두가
전괘자(全掛子)의 수완이지."라고 말한 대목이 좋은 예다.

'차도살인'은 모략과 관련된 많은 저서에 그 이론과 실천 사례가
기록되어 있다. 명나라 때 게훤(揭喧)이 엮었다는 《병경백자(兵經百
字)》〈차자(借字)〉를 보면 이렇게 되어 있다.

"힘이 달리면 적의 힘을 빌리고, 죽이기가 힘들면 적의 칼을 빌려
라. 재물이 부족하면 적의 재물을 빌려라. 장군이 부족하면 적장을
빌리고, 지혜와 모략으로 안 되면 적의 모략을 빌려라."

이게 무슨 말인가? 내가 하고자 하는 것을 직접 하지 않고 적을
꼬드겨 대신 하게 하는, 즉 적의 힘을 빌리는 것이다. 내가 죽이고
자 하는 자를 적을 속여 처치하게 하는, 즉 적의 칼을 빌리는 것이
다. 적이 가지고 있거나 저장하고 있는 재물을 빼앗는, 즉 적의 재
물을 빌리는 것이다. 적을 서로 싸우게 하는, 즉 적장을 빌리는 것
이다. 저쪽의 계략을 뒤집어 나의 계략으로 삼는, 즉 적의 지혜와
계략을 빌리는 것이다. 내가 하기 어려운 것은 남의 손을 빌리면
된다. 굳이 손수 행할 필요 없이 앉아서 이득을 누리면 되는 것이
다. 적으로 적을 빌리고, 적이 빌린 것을 다시 빌리고 해서 적으로

하여금 끝까지 빌린 것을 모르게 하고, 적이 알았다 할지라도 어쩔 수 없이 자신을 위해 빌린 것으로 알게 하는 것, 이것이 빌리는 법의 오묘함이다.

《한비자》에는 이런 얘기가 실려 있다. 정(鄭)나라 환공(桓公)이 회(鄶)나라를 공격하기에 앞서 먼저 회나라의 영웅호걸, 충신, 명장, 지혜가 뛰어난 자, 전투에 용감한 자들을 조사해서 명단을 작성했다. 그리고는 회나라를 쓰러뜨리면 이들에게 그 나라의 좋은 땅과 벼슬을 나누어주겠노라 내외에 공표했다. 환공은 다시 회나라 국경 근처에다 제단을 차려 작성한 명단을 땅에 묻은 뒤 닭과 돼지의 피로 제사를 올리며 영원히 약속을 어기지 않겠노라 맹세했다.

회나라 임금이 이 얘기를 듣고는 국내에서 누군가가 반란을 일으키려 하는 게 아닌가 의심해서 정 환공이 작성한 명단에 들어 있는 인물들을 모조리 죽였다. 적국 회나라 왕의 손을 빌려 적국의 인재들을 일거에 제거한 것이다. 환공은 이 틈을 타서 회나라를 공격하여 힘 안 들이고 회나라를 빼앗았다.

아첨의 정치와 한계

《한비자》에는 '식여도(食餘桃)'란 의미심장한 고사가 전한다.

옛날(춘추시대) 미자하(彌子瑕)라는 미소년이 위(衛)나라 임금에게 총애를 받고 있었다. 어느 날 밤, 자하는 어머니가 많이 아프다는 소식을 듣고는 임금의 명이라 속여 임금이 타는 수레를 타고 나가 어머니를 보고 왔다. 위나라 법에 따르면 임금이 타는 수레를 몰래 타는 자는 발이 잘리는 형벌을 받게 되어 있었다. 그러나 왕은 "효성스럽구나! 어머니를 위해 발이 잘리는 형벌을 무릅쓰다니!"라며 되려 미자하를 칭찬했다.

언젠가는 이런 일도 있었다. 미자하가 임금과 함께 과수원을 거닐다가 복숭아 하나를 따서 맛을 보니 너무 달았다. 미자하는 한 입 베물어 먹고 남은 복숭아를 임금에게 건네주었다. 그러자 임금은 매우 기분 좋다는 듯이 "나를 몹시 사랑하는구나! 자신의 입맛은 잊고 나를 생각하다니."라며 미자하를 칭찬했다.

세월은 사람을 봐주지 않는다. 미자하의 용모가 시들어가면서 임금의 귀여움도 점점 시들해졌다. 미자하가 무슨 일로 잘못을 범해 위왕에게 죄를 짓자 임금은 "너는 그 옛날 내 수레를 멋대로 탔고, 또 내게 먹다 남은 복숭아를 주기도 했지!"라고 나무랐다.

뒷맛이 개운치 않은 이 '먹다 남은 복숭아' 우화를 통해 한비자는 누군가의 마음을 얻고 그것을 유지하는 일이 얼마나 어려운가를 자세히 분석하여 변덕스러운 인간의 애증에 대해 다음과 같이 비꼬고 있다.

"미자하의 행동은 처음이나 나중이나 달라진 것이 없었다. 그런데 처음에는 칭찬을 듣고 나중에는 죄를 얻었으니 무슨 까닭인가? 그것은 사랑이 미움으로 변했기 때문이다. 따라서 임금에게 귀여움을 받고 있을 때는 하는 언행 모두가 임금 마음에 들고 더 가까워지지만, 일단 임금에게 미움을 사면 아무리 지혜를 짜내서 말을 해도 임금 귀에는 옳은 말로 들리지 않을뿐더러 더욱 멀어진다. 그러므로 말을 올리거나 논의를 펼칠 때는 군주의 애증을 미리 살핀 다음 행하지 않으면 안 될 것이다."

봉건사회에서나 있었던 아부와 아첨의 정치가 오늘날 정치판은 물론 권력이 작동하는 곳이라면 어디서든 재연되고 있다. 불과 몇 년 전 입법부 집권당의 원내대표가 행정부의 수반인 대통령 앞에서 "코피를 쏟으며 일하겠습니다"며 닭살 돋는 아부를 떨고, 대통령은 그에 대해 "어쩜 그렇게 말씀을 잘하십니까"라며 흐뭇해한 일을 기억하는지 모르겠다.

"전하께서는 하늘나라 사람이십니다."
"경은 세상 사람이 아니라 신선이오."

북제시대 때의 대간신 화사개(和士開)와 군주 고담(高湛)이 주고받은 기막힌 대화다. 간신 뒤에는 반드시 못난 군주가 있다.

"고기를 낚는 사람이 너무 깨끗해서 물고기란 놈이 감히 물지 못하는 것입니다."

한비자는 아부와 아첨의 기술과 그 것이 갖는 한계를 '식여도'란 고사를 통해 의미심장하게 전해주고 있다.

위는 송나라 문제(文帝)가 낚시를 나갔는데 도무지 고기가 잡히자 않 는다며 푸념을 하자 옆에 있던 왕경 이란 아첨배가 잽싸게 한 말이다. 정치판에서 벌어지는 언행과 별반 다르지 않아 보인다. 몇 년 전인가 집권 여당의 대표가 주한미군 사령 관을 업고 다니고, 미국을 방문해 서는 여기저기다 큰절을 해댔다. 게다가 노골적이고 일방적인 친 미 언행을 일삼으며 한·중 관계를 위협한 적이 있다. 이렇듯 아부 와 아첨의 정치는 안팎을 가리지 않고 횡행한다.

아부와 아첨꾼들이 간신으로 변모하는 것은 시간문제다. 역사는 생생 하게 입증한다. 조직을 배신하고 나라를 파는 간신들의 가장 큰 장기가 아부와 아첨이라는 사실을. 그리고 그들은 '외적이 쳐들어오는 것은 겁나지 않아도 자기 자리 흔들리는 것은 겁을 내는' 존재들이다. 국 가와 민족을 판 간신들의 공통점이다. 우리 정치에도 이런 간신들을 수없이 보았고, 지금도 정도만 달랐지 여전하다.

07

생존의 수단,
불패의
전략 외교(外交)

외교의 A~Z

외교는 예술에 가깝다. 서로의 기(氣)가 부딪치고 수준 높은 언어가 교환된다. 상대의 심기를 헤아리기 위한 눈치가 필요하고, 그에 맞추어 고도의 책략이 구사된다. 욕망의 칼날을 숨긴 웃음이 있고, 때로는 비굴할 정도의 후퇴가 있다. 원하는 것을 얻기 위한 양보가 있고, 작고 적은 양보로 크고 많은 것을 얻어내는 도박에 가까운 공략이 있다. 반대로 마치 크고 많은 것을 내주는 것처럼 꾸미는 위장도 있다. 그리고 서로 원하는 것을 얻어내는 치열한 협상과 극적인 마무리가 있다.

외교는 총칼이 없는 전쟁이다. 이런 점에서 약소국에게 외교는 생존의 절대 수단이자 불패의 전략이다. 따라서 외교책략은 가장 차원 높고 수준 높은 '지혜의 총화(總和)'에 다름 아니다. 그리고 이 모든 것을 가능케 할 또 하나의 조건은 우리의 책임 있는 선택이다. 외교의 시대라 할 수 있는 춘추전국 시대의 유세가, 즉 국제 전문 외교가들의 행적을 살펴보았다.

외교(外交, diplomacy)

박근혜 정권 때 우리의 외교, 특히 한·중 관계가 중대한 위기를 맞이한 적이 있었다. 미국에 치우쳐 있는 우리의 외교정책과 전략이 단기간에 수정될 것 같지는 않다. 하지만 시간이 갈수록 확대 심화되어 온 대중 관계를 고려할 때 중장기적으로 우리 외교의 축과 방향은 변화될 수밖에 없다.

그런 상황에서 터진 당시 한·중 관계 위기의 파장은 사드 사태 이후 4년이 지난 지금까지 완전히 해소되지 않고 있다(국민들의 촛불 혁명과 박근혜 탄핵으로 탄생한 문재인 정권 때 대중국 관계가 상당히 회복되었 지만, 지금 정권의 말도 안 되는 대중 혐오 기조 때문에 대중 관계는 박근혜 정권 때보다 더 악화되었다. 정권이 바뀌어도 대중국 관계의 복원은 상당한 힘과 시간 이 필요할 것이다. 그보다 더 큰 문제는 서로를 미워하는 혐오 정서의 고착을 어 떤 방법으로 해소할 것이냐이다. 이 문제는 더 많은 시간이 필요하다).

외교는 흔히 볼 수 있는 사회 활동으로, 국가와 사회집단의 일정한 이익 을 달성하는 기본 수단의 하나다. 그래서 오랫동안 사람들은 외교가가 외교 석상에서 외교의 목적을 달성하기 위해 표출하는 이른바 '외 교사령(外交辭令, Diplomatic Language)'에 대한 연구를 대단히 중시해 왔다. 사실 외교사령은 외교적 접촉을 위해 겉으로 드러내는 표현으로, 그 이면에 결정적 작용을 하는 외교 전략을 감추고 있다.

외교활동의 주체인 외교가는 주권국가의 대표다. 외교가는 개인적 자질로 말하자면 높은 수준의 정치 이론, 예민한 관찰력과 문제 분석력, 뛰어난 사고와 판단력, 돌발 사태에 대처하는 능력 및 풍부한 외교 경험을 갖추고 있어야 함은 물론, 특히 **고도의 외교 전략도 갖추어야 한다.** 여기에 상황을 주도하거나 풀리지 않는 현안을 우회적으로 해결해 나가는 데 도움이 되는 차원 높은 유머 감각 등 대단히 복합적이며 많은 자질이 요구된다.

중국 춘추전국 시대는 기원전 770년부터 진시황이 천하를 통일하

기까지 약 550년에 걸친 큰 혼란기였다. 초기 100개가 넘던 나라들이 550년 동안 하나로 수렴되어간 치열하고 살벌한 경쟁과 거의 매년 전쟁으로 점철된 시기였다.

이 시기는 달리 말해 외교의 시대이기도 했다. 경쟁과 전쟁에 외교가 수반될 수밖에 없었기 때문이다. 특히, 전국시대(기원전 480~기원전 222년)에는 주나라 왕실이 쇠퇴해지자 각지에서 군웅들이 일어나 서로 대치하며 호시탐탐 상대를 노리는 보다 긴박한 상황이 펼쳐졌다. 하루도 쉴 날이 없는 전쟁·연합·분열·이간·포섭, 빈번한 왕복 외교, 무궁한 음모와 계략 등으로 전국시대 특유의 복잡한 정국이 조성되었다. 이러한 정세는 갈수록 복잡해졌고, 이에 따라 외교 전략이 더욱 절실한 상황과 직면하게 되었다.

당시 한 나라의 흥망성쇠는 무력에만 달려 있는 것이 아니었다. 이른바 "정치(외교)로 결정되지 무력으로 결정되는 것이 아니다. 조정과 종묘사직의 안위는 전략과 정책에서 결정 나지 전쟁터에서 군대가 서로 마주치는 것에서 결정 나지 않는다."《전국책》는 말 그 자체였다. 뜻인 즉, 무력을 동원하는 것보다는 정치(외교)를 활용하는 쪽이 효과적이라는 것이다. 외교에서 승리를 거두지 전쟁에서 승리를 얻지 않는다는 뜻이다.

외교의 중요성에 대한 이러한 인식은 일찍이 춘추시대 군사 전문가 손무(孫武, 기원전 약 545~기원전 약 470)에 의해 제기된 바 있다. 손무는 자신의 저서 《손자병법》 〈모공(謀功)〉 편에서 이렇게 말했다.

"최상의 전쟁은 적의 계획(전략, 모략)을 분쇄하는 것이고, 그다음은 적의 외교를 파괴하는 것이고, 그다음은 무기로 정복하는 것이고, 가장 못한 방법은 적의 성곽을 공격하는 것이다. 성을 공격하는 방법은 부득이한 경우에 쓰는 것이다."

치밀한 전략으로 적의 전략을 굴복시키거나 외교로 적을 무너뜨리는 것이야말로 가장 높은 수준의 책략이다. 성 밖에서 벌이는 야전은 수준 낮은 책략에 지나지 않는다. 당시에는 각국의 세력이 흥하고 쇠퇴하는 모순의 틈을 이용하고, 확실한 책략으로 외교를 펼쳐 위급한 상황을 타개하여 마침내 싸우지 않고 승리를 얻은 경우가 적지 않았다. 그 당시 외교(유세) 전문가의 한 사람이었던 이사(李斯)는 이렇게 말한다.

"지금 바야흐로 대국들이 서로 다투고 있지만, 그 일을 주도하는 자는 유자(游者, 유세가)들이다."

정곡을 찌른 말이다. 이보다 앞서 가난하고 '그 몰골이 남루하기 짝이 없었던' 소진(蘇秦)은 "천하를 두루 돌아다니며 제후들에게 유세"함으로써 당시 6국을 대표하는 공동 재상의 인장을 허리에 찰 수 있었다. 남다른 담력과 지략, 그리고 총명한 지혜로 열두 살에 불과한 나이에 세 치의 혀로 여러 차례 국가를 위기에서 구했던 감라(甘羅)도 있었다. 외교가와 외교 책략의 효용성을 잘 보여주는 본

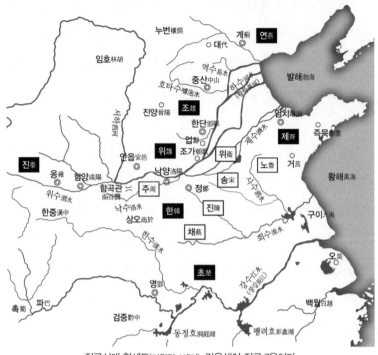

전국시대 형세도(기원전 4세기). 검은색이 전국 7웅이다.

보기들이다.

　과학이 그리 발달하지 못하고 직무가 전문적으로 나눠져 있지 않은 시대에 외교는 거의 전적으로 외교가의 일이었다. 이들을 당시에는 주로 유세가라 불렀다. 한 나라에서 필요로 하는 외교가는 손으로 꼽을 정도로 몇 되지 않았다.

　그러나 오늘날 지구촌은 과학기술의 눈부신 발달로 좁아질 대로 좁아져 있다. "개나 닭 울음소리조차 서로 들을 수 있는 가까운 데 살면서도 죽을 때까지 왕래 한번 없던" 그런 시대는 이미 아니다.

국제간의 정치·경제·군사·과학·문화·기술 등의 교류는 그 옛날 이웃집과 왕래하던 것보다 더 자주 이루어지고 있으며, 또 편리하다.

그럼에도 불구하고 국가 간의 관계는 더욱 복잡하고 미묘해졌다. 또 더욱 위험하고 격렬해지고 있다. 외교 수단이 아니면 해결이 불가능한 경우가 점점 더

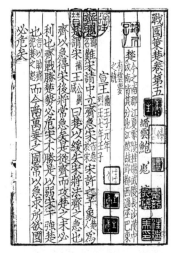

외교의 중요성을 강조하고 있는 《전국책》.

많아지고 있다는 현실이다. 이런 상황에서 외교는 국제간의 모든 갈등과 문제를 푸는 실마리가 된다. 외교는 또 국가의 생활과 생산에 직접 관계된다. 심하게 말하자면 외교는 한 나라의 흥망성쇠와 연계된다.

외교 전략과 관계된 연구는 이미 특정한 나라를 대표하는 외교관만이 해야 할 일이 아닌 것이 되었다. 국제무대에서 경제·과학·기술·문화 예술을 교류하는 단체와 개인이라면 모두가 외교적 전략을 배우고 연구할 필요가 있다. 이런 점에서 고대 중국의 사상가들이 강조한 외교의 중요성과 역사상의 두드러진 외교적 사례는 향후 대중국 관계에 있어서 우리 외교의 진로와 방향, 그리고 정책수립에 나름 도움을 줄 것이다.

'상병벌모(上兵伐謀)'
– 최상의 병법은 상대의 모략을 분쇄하는 것

고대부터 외교는 정치가나 외교가의 전유물이 아니었다. 전쟁에서 승리를 목적으로 하는 군사 전문가들조차 무력 수단보다 외교가 훨씬 차원 높은 책략이란 점을 거듭 강조했다. 앞서 말한 손무는 누구보다 외교와 정보의 중요성을 강조한 대표적인 군사 전문가였다.

손무는 경쟁 상대와 싸워 이길 수 있는 최상의 전략은 상대의 모략, 즉 전략을 분쇄하는 '벌모(伐謀)'이고, 그다음은 '외교를 파괴하는' '벌교(伐交)'라고 분명히 말하고 있다. 상대의 전략을 사전에 분쇄하기 위해서는 상대에 대한 정확한 정보가 관건이다. 그는 군사학의 바이블로 꼽히는《손자병법》에서 이렇게 말한다. 다시 한 번 인용한다.

"최상의 전쟁은 적의 계획(전략, 모략)을 분쇄하는 것이고, 그다음은 적의 외교를 파괴하는 것이고, 그다음은 무기로 정복하는 것이고, 가장 못한 방법은 적의 성곽을 공격하는 것이다. 성을 공격하는 방법은 부득이한 경우에 쓰는 것이다."(〈모공謀攻〉 편)

내 쪽의 모략(intrigue)으로 적을 패배시키는, 말하자면 싸우지 않고 적을 굴복시키는 병법을 '벌모(伐謀)'라고 한다. 손자는 '벌모'를 가장 효과적인 전략으로 생각했다. 따라서 '최상의 군대'나 '최상의 병법'인 '상병(上兵)'이라면 가장 훌륭한 전쟁 수단으로 '벌모'의 중요성을 인식하고 구사할 줄 알아야 한다. '벌모'의 실질은 적이 막 계획하거나 계획을 실행하려 할 때, 그 모략을 간파하여 내가 원하는 정치·군사 목적을 실현하는 데 있다. 일찍이 《손자병법》에 대해 최초의 해설서를 남긴 조조(曹操)는 자신의 경험에 근거하여 '상병벌모'를 인정한 다음 이렇게 덧붙였다.

"군사를 일으켜 멀리 깊숙이 들어가 그 성곽을 점거하여 내외를 단절함으로써 적으로 하여금 나라를 들어 굴복케 하는 것이 최상이다."

조조는 '상병벌모'는 강력한 군사적 역량을 기반으로 하고, 여기에 '벌병(伐兵)'과 '공성(攻城)'을 상호 배합하여, 최소한의 희생으로 최대한의 승리를 낚아 적 전체를 항복하게 만드는 데 목적이 있다고 보았다. 이는 상대의 철저한 소멸을 위한 군사 투쟁도 아니고, 또 죽어라 싸우는 단순한 군사적 공격과도 다르다. 우수한 지휘자는 먼저 모략 싸움에서 적을 물리치는 것을 중시한다. 피를 흘리지 않고 완전한 목적에 이르는 것이다.

기원전 204년 한신(韓信)은 조(趙)를 멸망시킨 다음, 조나라 광무군(廣武君)의 건의를 받아들여 군대를 쉬게 하고 조나라 백성을 안정시켰다. 이어 말 잘하는 변사(辯士)를 연(燕)나라에 보내 곧 연나

《손자병법》에 처음으로 해설을 붙인 조조 역시 외교 전략의 중요성을 잘 인식하고 있었다.

라를 치겠다는 의사를 전달하는 한편, 군의 위세를 힘껏 떨쳐 보임
으로써 힘들이지 않고 연을 굴복시켰다.

《구당서(舊唐書)》〈곽자의열전(郭子儀列傳)〉에 보면 715년 토번(吐
蕃)·회흘(回紇)·당항(黨項)·강혼(羌渾)·노자(奴刺) 등 변방 민족과
산적 임부(任敷)·정정(鄭庭)·학덕(郝德)·유개원(劉開元) 등이 30여
만 군사를 이끌고 당을 공격한 기록이 나온다.

당나라 수도는 바야흐로 초긴장 상태로 돌입했다. 조정에서는 황
급히 곽자의를 불러 군대를 맡겼다. 곽자의는 지금의 병력으로는
도저히 싸워 이길 수 없음을 알았다. 곽자의는 상대가 대부분 자신
의 옛 부곡(部曲, 주로 수공업자들이나 범죄자들을 따로 모아 살게 한 정치·행
정 단위)과 관련이 있고, 또 평소 자신에게 은혜를 입은 자들이 많기
때문에 저들이 차마 자신에게 칼날을 겨누지는 못할 것이라고 판
단했다.

곽자의는 수행원 몇 명만 거느린 채 회흘 진영으로 곧장 달려갔다. 회흘의 여러 추장들은 너나 할 것 없이 말에서 내려 곽자의에게 절을 올렸다. 곽자의는 비굴하지도 거만하지도 않게 솔직담백하게 약속을 어긴 그들을 나무랐다.

추장들은 사과했고, 곽자의는 곧 그들을 불러 연회를 베푸

곽자의는 국가적 차원의 위기에서 차분히 상황을 분석한 다음 단신으로 적진으로 들어가 이해관계를 따지는 외교로 문제를 해결했다.

는 한편, 비단과 같은 재물을 주어 환심을 사고 애당초 맺었던 동맹을 회복했다. 곽자의는 회흘과 토번 사이의 알력을 이용하여 회흘과 동맹을 맺음으로써 토번을 고립시켜 물러갈 수밖에 없게 만들었다. 당나라 전역을 공포로 몰아넣었던 위기는 해소되었다.

손자의 '벌모'와 '벌교' 사상은 중국 수천 년 역사상 정치·군사 영역의 투쟁에 엄청난 영향을 주었을 뿐만 아니라, 다른 나라에도 상당한 영향을 주었다. 《손자신연구(孫子新硏究)》 '총론' 편에 보면, 독일의 빌헬름(Wilhelm, 1859~1941) 2세가 실각하여 네덜란드로 망명 왔다가 《손자병법》를 읽은 뒤, 왜 좀 더 일찍 이 책을 보지 못했던가, 하며 한탄하고 후회했다는 내용이 있다.

현대 전쟁이 어떻게 발전하든 '벌모'와 '벌교' 사상은 그 의의를 결코 잃지 않을 것이다. '벌교'에 대해 좀 더 알아보자.

벌교(伐交)
- 적의 외교를 파괴한다

상대의 모략, 즉 상대의 전략을 사전에 분쇄하는 것이야말로 승리를 위한 최상책이라는 '상병벌모'를 주장한 손무는 차선책으로 '벌교(伐交)'를 제기했다.

손자가 보기에 '외교 수단을 통해 승리를 얻는' '벌교(伐交)'의 방법은 '적의 계획을 미리 분쇄하는' '벌모(伐謀)'를 통해 승리를 거두는 것보다는 못하지만, '무기로 정복하는' '벌병(伐兵)'이나 '성을 공격하는' '공성(攻城)'보다는 나은 대책이다. 이는 '벌교'가 국가 전략적 차원에서 대단히 중요한 위치에 있음을 말해준다. **'공격'과 '외교'의 결합은 역대 전략가들이 중시했고, 많은 명장들이 외교 수단을 성공적으로 운용하여 전쟁이란 무대에서 장쾌한 드라마를 연출했다.**

기원전 630년, 진(晉)의 문공(文公)과 진(秦)의 목공(穆公)은 군사를 이끌고 정(鄭)을 포위했다. 대군이 국경을 압박하는 위급한 상황에서 정나라의 문공(文公)은 일지호(佚之狐)의 건의를 받아 들여, 먼저 말을 잘하는 촉지무(燭之武)를 보내 두 나라 사이의 관계를 갈라놓는 한편, 목공을 설득해 군을 철수시키도록 했다.

촉지무는 야밤을 틈타 정나라 성 아래로 밧줄을 타고 내려와 두 군대의 포위망을 뚫고 목공의 군영으로 달려가 대성통곡을 하며 목공을 만나게 해 달라고 했다. 목공을 만난 촉지무는 목공에게 대체로 이런 말을 했다.

"지금 진·진 두 나라가 정을 포위하는 바람에 정나라 사람들은 모두 곧 멸망하는 줄 알고 있습니다. 만약 정나라의 멸망이 진(秦)에 득이 된다면 지금 하는 말은 매우 값어치가 있을 것입니다. 그러나 이웃 나라를 넘어 정나라 땅 한 덩어리를 차지해서 자기 읍으로 삼는 일이 얼마나 힘든 일인 줄 아십니까? 어째서 정나라를 멸망시켜 진(晉)의 강역을 넓혀 주려 하십니까? 진(晉)의 힘이 증대된다는 것은 상대적으로 진(秦)의 세력이 약해지는 것과 같은 말입니다.

정나라를 동쪽 지역의 주인으로 그대로 남겨 두어, 사신들이 왕래하면서 쉬어 갈 땅이라도 있다면 그것이 좋지 않겠습니까? 그리고 과거 진(晉) 혜공(惠公)은 진(秦)의 힘을 빌려 귀국하여 군주가 되었고, 일찍이 허(許)나라는 초(焦)·하(瑕)의 땅으로 보답했는데도 귀국 후 그것을 인정하지 않았습니다. 그 사실을 잊으셨습니까? 진(晉)의 욕심에 끝이 있을 것 같습니까? 동쪽으로 우리 정나라를 차지하면 서쪽으로 확장하려 할 것이 분명한데, 그렇게 되면 가장 먼저 피해를 보는 쪽은 다름 아닌 진(秦)입니다. 그러니 두루두루 잘 살피십시오."

진 목공은 촉지무의 얘기를 듣고는 꿈에서 깨어난 듯 즉시 정나라와 동맹을 맺는 한편, 세 사람의 대장군을 정나라에 남게 해서 정나라 방비를 돕게 하고는 자신은 친히 주력 부대를 이끌고 철수했다. 진(晉)에 이 소식이 전해지자 자범(子犯)은 진나라 군대를 추격하자고 주장했지만, 진 문공은 다음과 같은 말로 반대했다.

"그건 안 된다. 당초 진 목공이 나를 도운 것은 남의 힘을 빌려 남을 치자는 것으로, 그것은 바르지 못한 것이었다. 우리 쪽도 마찬가지였다. 이렇게 해서 동맹국을 잃는 것은 현명하지 못하다. 진·진 두 나라는 본래 동맹국이다. 진을 공격하는 것은 전쟁과 동맹을 맞바꾸는 것이나 마찬가지다. 이것은 진정한 무력의 덕이 아니다. 그러니 철수하는 것이 좋겠다."

기원전 606년 초나라 장왕(莊王)은 주 왕조 변경에서 군대를 사열하며 시위를 벌였다. 주의 정왕(定王)은 대신 왕손만(王孫滿)을 초군으로 보내 상황을 파악하도록 했다. 초 장왕은 왕손만에게 주 천자의 상징물인 세발솥 정(鼎)의 무게가 얼마나 나가냐고 물었다. 주나라의 세발솥은 천자의 상징이자 지존무상으로 타인이 함부로 물을 수 없는 것이었다. 초 장왕의 의도는 천하 패권의 향방과 주 천자의 권력이 어떤가를 물은 것이었다. 춘추 예법에 어긋나는 무례한 언행이었다.

왕손만은 초 장왕의 의도를 간파하고는, 엄숙한 표정으로 주 왕실의 통치는 덕에 있지 세발솥의 무게에 있는 것이 아니라고 했다. 국가의 정치가 밝고 분명하면 세발솥이 작아도 함부로 옮길 수 없으며, 국가의 정치가 혼란스러우면 세발솥이 아무리 크다 해도 언제든지 옮겨질 수 있다. 주나라가 700년 동안 지속할 수 있었던 것은 천명이다. 지금 주왕의 권력이 쇠퇴했다고는 하지만 천명이 아직 바뀌지 않았으니, 아무도 세발솥의 무게를 물을 권리는 없다.

왕손만의 대답은 대체로 이러했다.

이 말을 들은 장왕은 자신이 주 왕실을 대신하기에는 아직 힘이 모자란다는 것을 깨닫고 병력을 철수시켰다.

진 목공과 초 장왕은 촉지무의 정세분석을 흔쾌히 인정하고 바로 철수했다. 외교의 힘이란 이런 것이다.

전쟁이 발발했다고 해서, 내 힘이 상대보다 월등하다고 해서 '벌교'의 작용이 감소되는 것이 아니다. 강대한 군사·정치력 뒤에 탄탄한 외교적 역량이 도사리고 있어야 한다는 사실을 소홀히 해서는 결코 안 된다. 경쟁과 전쟁의 결과를 책임지는 것은 결국 외교이다.

'구주(九州)의 목구멍', 정나라와 정자산(鄭子産)의 외교

춘추시대 중원(지금의 하남성)에 위치한 정나라는 춘추 초기 장공(莊公, 기원전 8세기 중반) 때만 해도 강대국으로 행세했다. 그러나 정변 등으로 국력이 쇠퇴해져 주변 강대국들에게 시달림을 받는 신세로 전락했다. 특히, 7세기 중반 목공(穆公) 이후 70년 동안 기록에만 30차례 이상 타국의 침공에 시달릴 정도로 쇠약해졌다.

정나라는 중국의 중심에 해당하는 중원에 위치하고 있어 국력이 강할 때는 주변국들을 두루 잘 아우를 수 있지만, 그렇지 못할 경우는 수시로 주변 강대국들에게 시달려야 했다. 오죽했으면 '구주인후(九州咽喉)', 즉 '구주의 목구멍'이란 별명까지 붙었겠는가?

특히, 당시 북방의 강대국인 진(晉)과 남방의 강국인 초(楚)의 눈치를 많이 보았는데, 이 때문에 '조진모초(朝晉暮楚)'라는 유명한 고사성어까지 나올 정도였다. '아침에는 진나라로 달려갔다가, 저녁에는 초나라로 달려가야 하는' 고달픈 신세를 비유하는 성어이다. 강대국 틈에 끼어 이들의 눈치를 보고 그 간섭에 시달려야 하는 약소국의 상황을 대변하는 성어이기도 하다.

정나라 훌륭한 정치가이자 '춘추일인(春秋一人)'이라는 극찬을 받은 정자산은 바로 이런 상황에서 정나라의 정치와 외교를 맡았다. 외교 방면에서 자산은 약소국의 권익을 단호하게 지키는 원칙을 고수했다. 철저히 준비된 외교 전략이 있었기에 가능했다. 《좌전》은 자산이 정치와 외교를 어떻게 행했는가에 대해 이렇게 기록하고 있다.

"정나라가 제후국들의 일에 나설 때면 자산은 여러 나라들이 정치를 어떻게 하는지 자우에게 물어 그에게 좋은 문장으로 공문을 만들게 하고, 비심과는 수레를 타고 교외로 나가 계획하고 있는 일의 성사 여부를 묻고, 돌아와 풍간자에게 판단하게 했다. 일을 어떻게 해야 할지 결정되면 자대숙을 불러 집행하게 했다. 이렇게 빈객들을 응대했기 때문에 일을 그르치는 적이 드물었다."

자산의 외교활동은 상대국에 관한 상세한 정보를 바탕으로 전문가들의 세심한 조언을 거쳐 이루어졌고, 이 때문에 빈틈이 거의 없었다. 강대국들도 자산의 말을 함부로 무시하지 못했다. 다음 일화는 자산이 약소국 정나라의 위신을 어떻게 어떤 논리로 세웠는지를 잘 보여준다.

자산이 간공(簡公)을 보좌하여 진(晉)나라에 사신으로 갔다. 이때 노(魯)나라 양공(襄公)이 죽는 바람에 간공은 진 평공을 만나지 못하고 영빈관에 체류하게 되었다. 그런데 영빈관이 좁아 가져온 공물을 다 들여놓을 수가 없었다. 자산은 주저 없이 영빈관 담장을 허물게 하고는 수레와 말을 안으로 들여놓았다. 진나라의 담당관인 사문백(土文伯)이 와서는 다른 나라 손님들은 어떻게 하라고 이런 외교적 결례를 저질렀냐며 따졌다. 자산은 이렇게 맞받았다.

"작은 우리나라는 큰 나라들 틈에 끼어 있어 큰 나라들이 툭하면 공물을 요구한다. 그렇지만 백성들을 쥐어짜서라도 일이 있으면 언제든 찾아왔다. 그렇게 진나라에 도착했는데 국군은커녕 담당관도 만나지 못했다. 기약이 없으니 가져온 공물을 풀 수도 없고, 밖에서 이슬을 맞게 할 수도 없으니 걱정이다. 그 옛날 당신 나라 문공께서는 궁궐은 형편없어도 손님을 맞는 관사는 으리으리했다. 지금처럼 이런 걱정은 전혀 할 필요가 없었다. 그런데 지금 이곳 영빈관은 종들이 사는 집 같다. 좁아 터져서 가져온 공물을 들일 곳조차 없으니 하는 수 없이 담장을 허물어서라도 귀한 공물을 잘 간수하려 한 것이다. 공물을 다 진상하고 허문 담장을 고쳐놓고 돌아가게 한다면 더 바랄 것이 없겠다."

　사문백은 부끄러워 어쩔 줄 몰라 하면서 상관에게 보고했고, 상
관은 즉시 사과했다. 평공도 간공에게 잘못을 인정하며 진나라 일
행을 마치 '자기 집에 온 것처럼' 후한 예로 접대하는 한편 영빈관
을 예전처럼 크게 만들어 외국 사신들을 맞이했다.
　자산의 당당한 외교 덕분에 '손님을 마치 자기 집에 온 것처럼 접대한
다'는 '빈지여귀(賓至如歸)'의 고사성어가 탄생했고, 이는 **역대로 중국이
외국 사신을 대우하는 기준**이 되었다. 자산은 과거 진 문공의 사례를
들어 문공의 체면을 높여 주었고, 동시에 문공 때의 사례를 들어
적절한 대우를 요구했다. 결과적으로 그 요구가 주인을 높이는 것
이었기 때문이다.
　춘추시대 정나라는 수많은 전쟁의 발단이 되었고, 또 그 전쟁에
동원되는 불안하고 고달픈 신세였다. 정나라가 전략적으로 버릴
수 없는 위치, 즉 '구주의 목구멍'인데다가 다른 나라들이 차지한다
해도 지키기 어려운 위치에 있었기 때문이다.
　자산 이전까지만 해도 정나라 정치가들은 이런 지리적 조건을 활
용할 줄 몰랐다. 자산은 이를 한껏 활용했다. 여기에 **주변국들의 상
황을 면밀히 살펴 그들의 내부 정보를 입수하는 한편, 이를 외교 전략으로
이용함으로써 전쟁 발생을 억제했다.**
　자산은 또 강대국에 바치는, 실제로는 전쟁 물자였던 공물의 양
을 대폭 줄였다. 그가 영빈관 담장을 허문 것은 이런 과도한 공물

요구에 대한 항의에 다름 아니었다. 자산은 외교 무대에서 강대국의 요구를 다 덜어주다가는 나라가 거덜 난다는 주장을 거듭 당당하게 밝혔다. 자신이 이런 요구를 제기할 수 있었던 것은 무엇보다 그가 '국제정치의 현실을 냉정하게 분석하고, 그 이면에 내재된 이론'을 간파했기 때문이다.

자산은 약소국 정나라의 생존이라는 기본 전제 하에서 내부 정책과 외교 전략 및 목표를 수립했다. 자산의 제1 목표는 침략당하지 않는다는 것이었다. 제2 목표는 강대국의 착취를 최대한 줄이는 것이었다. 이렇게 해서 궁극적으로 기존 국제정세의 틀에 틈을 내어 정나라의 생존을 지속시키고 나아가 정나라를 강대국은 아니더라도 강소국으로 만들겠다는 것이었다. 요컨대 자산은 삼키지도 못하고 공격하지도 못하는 '고슴도치와 같은 나라'를 만들고 싶어 했다(공원국, 《춘추전국 이야기》 4 참고).

자산의 외교 전략에서 또 한 가지 빠트릴 수 없는 것이 있다. 바로 내정 개혁이었다. 자산은 전후 20년 넘게 정나라의 정치를 주도하면서 무엇보다 귀족들의 기득권을 제한하고 백성들의 권익을 보호하는 법치(法治)를 공개적으로 천명했다. 법률 조항을 큰솥에 주조하여 관청 문 앞에 세웠다. 이를 형정(刑鼎)이라 하는데, 이런 획기적인 개혁 조치는 내부는 물론 주변국들의 극렬한 반발을 불러일으켰다. 하지만 정자산 사후 불과 약 30년 만에 거의 모든 나라들이 법을 공포하기에 이르렀다. 자산은 천하 정세가 어떤 방향으로 흐를지 정확하게 예측하고 있었다.

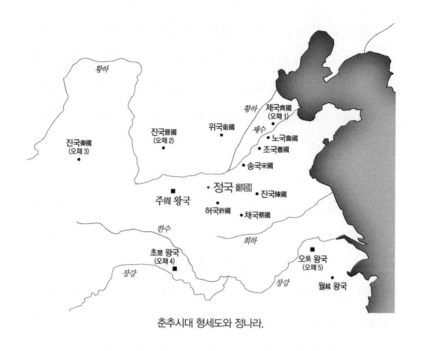

춘추시대 형세도와 정나라.

자산은 또 상하의 민심과 여론을 수렴하고 소통함으로써 민심을 자기 쪽으로 돌렸다. 미신을 타파하고 실용적인 정책으로 백성들의 적극성을 이끌어냈다. 그리고 무엇보다 정치 지도자와 관리의 자질을 강조했는데, 이것이 없으면 민심도 얻을 수 없고 부국강병도 불가능하다고 보았기 때문이다. 이와 관련하여 자산은 이렇게 말했다.

"녹봉(재력)과 벼슬(권력)는 자신을 비호하는 수단이 된다. 나는 배운 다음 벼슬한다는 소리는 들어 보았어도 벼슬한 다음 공부한다는 소리는 들어 보지 못했다."

부와 권력을 원하는 자는 먼저 인간이 되라는 자산의 일갈이다. 자산이 보여준 외교에서의 자신감은 이런 내정개혁과 하나로 뭉친 민심이라는 뒷심이 있었기에 가능했다는 말이다.

뻔한 말이지만 우리의 외교는 늘 강대국의 입김에 흔들렸다. 그나마 진보 정권에서 나름 중심을 잡으면서 외교도 균형을 잡았지만 수구 정권으로 바뀌면 예외 없이

외교의 힘이 어디에서 나오는가를 실천으로 보여준 정자산은 여러모로 우리가 배울 점이 많은 인물이다.

도루묵이 되었고, 심지어 더 악화되었다. **과연 우리는 고슴도치가 될 수 있을까? 강소국으로 발돋움할 수 있을까? 그것을 가능케 할 인재들은 있는가?** 또 그런 인재들을 제대로 활용할 수 있는 제도적 장치와 그것을 운용할 줄 아는 정치가와 통치자는 있는가?

그리고 무엇보다 부와 권력을 자신을 비호하는 수단으로 이용하지 않는, 인간이 된 지도자는 있는가? 지금 우리가 직면한 절박한 질문들이다. 정치도 경제도 외교도 이런 지도자가 뒷받침되어 있지 못하면 허사다. 그리고 **그런 지도자를 선택할 책임과 의무는 다름 아닌 우리 모두에게 지워져 있다.**

"자산이 우리를 떠나 죽었으니 백성들은 앞으로 어디로 돌아간단 말인가?"

"자산거아사호(子産去我死乎)! 민장안귀(民將安歸)?"

정자산에 대한 사마천의 강렬한 촌평이었다.(《사기》〈순리열전〉)

08

드라마보다
더 흥미로운
팩트의 힘⑴

'항장무검(項莊舞劍),
의재패공(意在沛公)'의 함의

역사상 가장 치열하고 흥미진진했던 초한쟁패의 두 주인공 항우(項羽)와 유방(劉邦)의 운명을 바꾸어 놓은 역사적 술자리 '홍문(鴻門)의 술자리'를 역사에서는 '홍문지연(鴻門之宴)', 줄여서 '홍문연'이라 부른다. 이 술자리에서 항우의 책사 범증(范增)은 항장(項莊)을 시켜 칼춤을 추다가 패공(沛公), 즉 유방을 찔러 죽이라고 했다. 범증은 이 자리에서 세 차례나 항우에게 유방을 죽이라고 신호를 보냈지만 항우는 결단을 내리지 못했다.

　항우의 숙부 항백(項伯)은 과거 자신의 목숨을 구해 준 은인이자 당시 유방의 참모로 있던 장량(張良)을 살리기 위해 항우와 범증의 의도를 미리 알렸다. 또 항장이 칼춤을 추며 유방을 노리자 자신이 직접 나서 항장을 막아줌으로써 유방을 살렸다. 항장은 사전에 조카 항우에게 유방을 죽이지 말라고 설득하기까지 했다. 유방은 사지에서 벗어났고, 재기하여 항우를 꺾었다. 이 홍문연에서 항장이 범증(항우의 묵인 아래)의 지시로 패공(유방)의 죽이려 장면이 '항장무검, 의재패공'이란 여덟 자의 성어로 정착되어 2천 년 넘게 인구에 회자되어 왔다.

　박근혜 정권 당시 북한 핵실험에 이은 로켓 발사, 그리고 사드(THADD, 고고도 미사일 방어체계) 배치 문제가 불거지면서 북한의 혈맹 중국이 단단히 뿔이 난 적이 있었다. 당시 중국의 외교부장(외무부장관) 왕이(王毅, 왕의)는 로이터 통신과의 인터뷰에서 위의 '항장무검, 의재패공'이란 고사성어를 거론하면서 미국의 의도를 꼬집고 나섰다. 왕이 부장의 말속에는 우리에 대한 의구심과 조롱도 함께 함축되어 있었다. 유방을 죽이려 한 항장의 칼춤을 은근히 우리에 비유한 것이다.

온 나라를 시끄럽게 만들었던 사드 문제가 당시 중국과 미국의 협상으로 해결의 기미를 보이자 미국의 앞잡이가 되어 사드 배치에 열을 올리고, 심지어 개성공단까지 폐쇄해버린 박근혜 정권은 말 그대로 닭 쫓던 개 신세가 되어버렸다.

우리 언론에서는 왕이가 인용한 이 고사를 두고 한반도를 중국 앞마당 정도로 여기는 패권주의적 속내를 고스란히 보여준 비외교적 언사라는 둥 엉뚱한 비난을 쏟아냈다. 하지만 결과적으로 중국과 미국은 외교적 합의에 도달한 듯하고, 우리는 최대의 시장 중국을 위협하는 존재로 낙인찍혀 무슨 보복을 어떻게 당할지 모르는 처지가 되었다. 게다가 남북통일의 가교이자 우리 중소기업의 활로를 찾아줄 개성공단마저 잃었다. 참으로 한심스럽기 짝이 없는 고도의(?) 통치행위와 외교가 버젓이, 그것도 당당하게 벌어졌던 것이다(사드로 인한 한·중의 갈등과 그 결과는 필자의 예상대로 끔찍했다. 이에 대해서는 필자의 유튜브 '김영수의 좀 알자 중국' 영상들 중에서 '사드가 남긴 문제'와 '중국인의 은원관'을 꼭 보시기 바란다).

중국 외교수장이 공식적으로 언급한 이 고사에는 많은 의미가 함축되어 있다. 그 함의를 읽어내고 제대로 이해할 수준을 우리는 갖추었는가? 그 수준이 고스란히 이번 사태의 결과에 압축되어 나타난 것으로 보인다. 이제 시간을 2천여 년 전으로 되돌려 홍문연에서 일어난 사건의 경위를 2회에 걸쳐 자세히 살펴봄으로써 앞으로의 외교에서 중국의 당국자들이 언급하고 인용하게 될 각종 고사성어를 제대로 파악하고, 나아가 그 외교사령에 지혜롭게 대처하는데 작으나마 도움이 되었으면 한다.

물론 이 이야기의 주제는 어디까지나 위 제목대로 '드라마보다 더 흥미로운 팩트의 힘'이다. 그리고 그 힘은 다름 아닌 역사의 힘이기도 하다. 이 두 꼭지의 글을 통해 역사를 읽고 공부하고 생각해야 할 필요성을 조금이나마 느낄 수 있다면 대만족이다.

역사의 소용돌이

'홍문지연'의 내막을 제대로 들춰보기 위해서는 먼저 그 역사적 배경을 간략하게나마 짚고 넘어가야 한다. 이야기는 기원전 210년 진시황의 죽음 이후 숨 가쁘게 전개되는 초한쟁패의 중요한 단락으로 등장하는데, 《사기》의 〈항부본기〉와 〈고조본기〉에는 그 과정과 배경이 잘 기술되어 있다. 그 배경을 〈항우본기〉를 중심으로 먼저 훑어보기로 한다.

〈항우본기〉의 주요 사건은 강동에서 봉기한 항우의 숙부 항량(項梁)의 행적으로 시작된다. 오현(吳縣)의 주요 인사들 대부분이 항량 밑에서 나왔고, 이들의 지지를 업고 항량은 기원전 209년 회계군 군수 은통(殷通)을 죽이고 봉기한다. 항량이 정예병 8천을 모으고 오현의 인재들을 중심으로 조직을 만들자 진영, 경포, 포장군 등이

가장 극적인 역사적 결과를 초래했고, 최근 국제적 갈등의 한 단면을 함축적으로 시사하고 있는 '홍문연'의 현장 '항왕성'의 현재 모습이다.

속속 합류하여 순식간에 7, 8만이 넘는 대군으로 변신했다.

　기원전 208년(이세 2년), 최초의 농민 봉기군 수령으로 장초(張楚) 정권을 수립했던 진왕(진승)이 죽었다는 사실을 확인한 항량은 봉기군 지도자들을 설성(薛城)으로 소집하고, 민간에 있던 초 왕실의 후손 심(審)을 찾아 회왕(懷王)으로 앉힌 다음, 자신은 무신군(武信君)이 됨으로써 실권을 장악했다. 유방(패공)도 이 무렵 봉기하여 설성 회의에 참가했다.

　설성회의 이후 항량은 진의 군대를 잇달아 격파하여 기세를 올린다. 항량은 유방과 항우에게 성양(城陽)을 공격하여 도륙하게 하고, 이어 당시 진나라 승상으로 있던 이사(李斯)의 아들인 이유(李由)의 목을 베는 전과를 올렸다. 그러나 승리에 도취하여 점점 교만해진 항량은 진의 장수 장한(章邯)의 벽을 넘지 못하고 9월 정도(定陶) 전투에서 전사했다.

항량을 꺾은 장한은 북으로 조나라를 공격하여 대파했다. 이에
맞서 회왕은 송의(宋義)를 상장군, 항우를 차장, 범증을 말장으로
삼아 조나라를 구원하게 했다.

기회만 엿보고 있던 송의에게 항우는 출전을 권했지만 송의는 병
법을 모른다며 항우를 비웃었다. 항우는 송의의 목을 베고 자신이
군권을 쥐었다. 그리고는 '파부침주(破釜沈舟, 취사용 솥을 깨고 타고 온
배를 가라앉혀 돌아갈 수 없음을 보임으로써 죽을 각오를 다지게 만드는 벼랑 끝
전술)'의 각오로 진의 군대를 크게 무찔렀다. '거록(鉅鹿)전투'였다.
제후들은 무릎으로 기어 항우에게 복종했고, 항우는 제후의 상장
군이 되었다.

거록에서 대패한 장한은 사마흔(司馬欣)을 함양으로 보내 상황을
보고하려 했으나 사흘을 기다리고도 실권자 조고를 만나지 못했
다. 불안을 느낀 사마흔은 서둘러 돌아왔다.

조고는 사마흔을 죽이려고 뒤를 쫓았으나 잡지 못했다. 계속되는
패배와 진여의 설득으로 장한은 원수(洹水) 남쪽 은허(殷墟)에서 항
우를 만나 눈물을 흘리며 항복한다. 항우는 장한을 옹왕에 봉하고,
사마흔은 상장군으로 삼았다.

이러는 사이 기원전 206년 유방이 먼저 함양성에 입성했고, 실권
자 조고를 죽인 자영(子嬰)은 유방에 투항했다. 이로써 진나라는 망
했다. 유방의 좌사마 조무상(曹無傷)은 항우에게 사람을 보내 유방
이 관중의 왕이 되려 한다고 알렸다. 항우는 40만을 몰아 홍문에 주

둔했다. 10만의 유방 군대
는 패상에 주둔하고 있었
다. 범증은 함양성에서 유
방이 보인 일사불란한 모
습에 두려움을 느끼고 항
우에게 유방을 죽이라고
권했다.

과거 장량(張良)에게 은
혜를 입은 적이 있는 항백
(項伯)이 이 사실을 유방에
게 알렸고, 유방은 항백
과 장량의 권유를 받아들
여 항우를 찾아가 사죄하
기에 이른다. 항우는 마음

초한쟁패의 주인공 유방은 당초 천하 패권에 거의
영향을 줄 수 없는 약체에 불과했다. 그는 홍문연
에서 일생에 단 한 번 상대에게 완전히 무릎을 꿇
고 살아나왔다. 당시 그는 그것이 자신을 천하의
패주로 만드는 계기로 작용하리라고는 생각지
못했을 것이다.

이 누그러져 조무상의 이름을 발설했고, 보다 못한 범증은 항장에
게 검무를 핑계로 유방을 죽이라고 지시했으나 항백이 이를 막고,
번쾌(樊噲)까지 연회장으로 뛰어들어 항우에게 격렬하게 항의했다.
이 틈에 유방은 자신의 군영으로 빠져나와 목숨을 건졌다. 그리고
는 조무상의 목을 베었다. 이상이 저 유명한 '홍문연' 사건의 대략
적인 줄거리이다.

'홍문지연' 그 이후(after 홍문지연)

홍문연에서 유방을 압박하여 물러나게 한 항우는 유방에 이어 함양에 입성하여 자영을 죽이고, 궁궐에 불을 지르는(일설에는 석 달을 탔다고 한다) 한편 보물과 재화, 그리고 여자를 탈취했다. 이로써 항우는 관중의 민심을 크게 잃었다.

대권을 장악한 항우는 회왕을 의제(義帝)로 높여 부르는 한편, 제후들을 분봉하는 논공행상을 시행했다. 모두 18명의 제후왕을 봉했으나 이것이 오히려 격한 반발을 불러일으키는 촉매제가 되었다. 자신과 가까운 사람을 주로 요지에 봉하는 등 무원칙하고 정치적 배려가 전혀 없는 논공행상이었기 때문이다. 또 의제를 장사 침현으로 보내면서 오예와 공오를 시켜 의제를 살해했다. 항우는 또 한 번 명분과 인심을 잃었다.

유방은 한왕에 봉해졌지만 한중이라는 벽지를 봉지로 받음으로써 권력의 중심에서 완전히 배제되었다. 유방은 참모들의 건의를 받아들여 관중으로 통하는 길인 잔도(棧道)를 불태우는 등 다시는 관중으로 나올 뜻이 없다는 것을 표시하여 항우를 안심시켰다.

분봉에 불만을 품은 제후들이 속속 항우에 등을 돌리기 시작했다. 과거 제나라 지역의 반발이 가장 거셌다. 여기에 제나라 지역 내부의 분란까지 겹쳐 제나라 땅은 세 개의 제나라, 즉 '삼제(三齊)'로 분열되었다. 이 틈에 유방은 한중을 나와 관중을 평정하는 등 재기했으나 항우의 공격을 받아 형양(滎陽)까지 쫓겼다.

압도적으로 불리한 전세에 몰린 유방은 형양을 지키면서 진평의 계책을 받아들여 항우 진영을 분열시키는 반간계를 구사했다. 그 결과 항우는 가장 믿는 범증마저 의심하여 그의 권한을 조금씩 빼앗기 시작했다. 화가 난 범증은 자리를 내던지고 고향으로 돌아가다 화병과 등창으로 죽었다. 죽기에 앞서 범증은 천하대세는 이미 유방으로 정해졌다고 예언했다.

기원전 204년, 형양에 대한 항우의 압박이 더욱 거세졌다. 한의 장수 기신(紀信)은 유방으로 분장하고 갑옷을 입힌 여자 2천 명을 앞세워 거짓으로 항복했다. 이 틈에 유방은 기병 수십과 형양 서쪽 문으로 탈출하여 성고(成皐)로 달아났다. 항우는 기신을 불태워 죽였다.

팽성 전투 이후 유방의 집안은 풍비박산이 났다. 아버지 태공과 아내 여치는 항우에게 포로로 잡혔다. 기원전 203년 한신의 군대를 빼앗은 유방은 강을 건너 다시 성고를 차지하고 광무에 주둔하며 오창의 양식을 확보했다. 양군은 이렇게 대치 국면에 들어갔고, 먼저 지친 항우는 항복하지 않으면 유방의 아버지를 삶아 죽이겠다고 협박했다. 유방은 다 삶으면 내게도 국 한 그릇 나눠달라고 응수했다. 항우는 태공을 죽이지 못했다.

항우는 유방에게 두 사람 때문에 천하 백성들이 고통당하고 있으니 둘이서만 자웅을 겨루자고 제안했으나 유방은 지혜를 겨룰지언정 힘으로는 겨루지 않는다며 항우를 조롱했다. 화가 난 항우는 유방에게 활을 쏘아 유방에게 부상을 입혔으나 유방은 가벼운 부상을 가장하고 성고로 되돌아갔다.

기원전 203년, 식량 부족에 시달리던 항우는 유방이 보낸 후생의 유세를 받아들여 홍구(鴻溝)를 경계로 천하를 양분하고 휴전에 들어가기로 약속한 뒤, 유방의 아버지 태공과 아내 여치를 돌려보냈다. 그러나 유방은 약속을 깨고 항우를 추격했다. 한신과 팽월에게 큰 보상을 약속하여 이들의 군대를 끌어들였고, 한신과 팽월은 항우를 몰아붙여 해하(垓下)에까지 이르렀다.

'사면초가(四面楚歌)'에 몰린 항우는 사랑하는 여인 우희(虞姬)와 이별하는 노래를 부른 다음 애마 추와 800여 기병만을 거느리고 포위를 돌파했다(이것이 저 유명한 '패왕별희霸王別姬', 즉 '패왕, 항우와 우희의 이별' 장면이다).

초한쟁패를 주도했던 항우는 천하 패권을 거의 다 손에 쥐었었다. 그러나 홍문연이 중요한 변수로 작용하리라는 것은 꿈에도 몰랐다.

항우와 기병들은 추격해오는 한의 군사들을 악전고투 끝에 물리쳤지만 28기만 남았다. 오강에 이른 항우는 하늘이 자신을 망하게 한다며 하늘을 원망한 다음 정장의 재기 권유도 뿌리친 채 스스로 목을 그어 자결했다.

156

한의 장수 왕예와 항우의 부하였던 여마동 등이 항우의 시신을 나눠 가지고 돌아가 작위를 받았다.

유방은 항우를 노공(魯公)의 예로 곡성에다 장례 지내고 발상 때는 곡까지 했다. 이로써 햇수로 5년에 걸친 초한쟁패는 절대 열세였던 유방의 역전승으로 끝나고 천하는 다시 통일되었다.

'홍문지연' 그날, 무슨 일이 있었나?

이제 항우와 유방의 운명을 바꾼 사건이었다는 평까지 듣고 있는 기원전 206년 '홍문지연' 그날로 다시 되돌아가 보자. 이 사건에 대한 역사적 팩트는 1차적으로 《사기》〈항우본기〉를 읽지 않을 수 없다. 사마천은 이 사건을 마치 영화의 한 장면처럼 생생하게 묘사하고 있다. 사건의 발단은 막강한 전력의 항우의 군대보다 유방이 먼저 진나라의 수도인 함양에 입성하자 화가 난 항우가 유방을 공격하려고 벼르는 것에서 시작된다. 《사기》의 관련 대목이다.

(항우가) 이어서 진의 땅을 공략하여 평정시키려 함곡관에 이르렀으나 수비병이 있어 들어가지 못했다. 게다가 패공(유방)이 이미 함양을 깼다는 보고를 받자 항우는 크게 성이 나서 당양군 등을 보내 함곡관을 공격하게 했다. 항우가 마침내 함곡관에 들어가 희수 서쪽에 이르렀다.

패공은 패상에 주둔하고 있어서 항우와 서로 만나지 못했다. 패공의 좌사마 조무상이 항우에게 사람을 보내 "패공이 관중의 왕이 되어 자영을 재상으로 삼아 진귀한 보물을 모두 다 차지하려고 합니다."라고 말했다.

항우가 몹시 노하며 "내일 병사들을 잘 먹이고 패공의 군대를 격파하리라!"라고 말했다. 이때 항우의 병사는 40만으로 신풍의 홍문에 있었고, 패공의 병사는 10만으로 패상에 있었다. 범증이 항우에게 이렇게 충고했다.

"패공이 산동에 있을 때는 재물을 탐내고 여자를 좋아했는데, 지금 입관해서는 재물에는 손도 대지 않고 여자도 가까이하지 않습니다. 이는 그 뜻이 작은 곳에 있지 않다는 뜻입니다. 제가 사람을 시켜 그 기세를 살피게 했더니 용과 호랑이처럼 오색이 찬란한 것이 천자의 기운이었습니다. 서둘러 쳐서 기회를 잃지 마십시오."

함양에서 유방 일행이 보여준 일사분란(一絲不亂)한 행동과 민심 회유책에 두려움을 느낀 항우의 책사 범증은 두 군대의 전력 차이가 뚜렷한 지금 유방 진영을 철저히 와해시킬 것을 강력하게 건의하고 있다.

그런데 항우 진영의 이런 기밀이 항우의 숙부인 항백에 의해 누설되는 뜻밖의 사태가 벌어졌다. 과거 장량에게 신세를 진 항백이 장량을 찾아 이런 기밀을 알려주었기 때문이다.

당황한 유방은 항백을 붙들고 그를 형님으로 모시는 것은 물론 혼인관계까지 맺겠다며 도움을 청했고, 항백은 이를 받아들이며 내일 홍문으로 와서 항우를 만나 사죄하라고 했다.

항백은 항우 진영으로 돌아와 항우에게 유방을 극구 변호했다. 유방이 함양을 함락시킨 것은 큰 공을 세운 것이지 항우에게 대항하기 위한 것이 아니지 않느냐는 논리였다. 항우는 범증의 건의는 까맣게 잊은 듯 항백의 말에 넘어갔다.

다음 날 유방은 항백의 충고대로 항우를 만나러 왔다. 다시 《사기》의 해당 장면으로 가본다.

패공(유방)이 이튿날 아침 백여 기를 대동하고 항왕(항우)을 만나러 왔다. 홍문에 이르러 사죄하며 이렇게 말하였다.

"신은 장군과 더불어 죽을힘을 다해서 진을 공격했습니다. 장군께서는 하북에서 싸우시고, 신은 하남에서 싸웠습니다. 그러나 뜻하지 않게 먼저 관중에 들어와 진을 무찌르고 이곳에서 장군을 다시 뵐 수 있게 된 것입니다. 그런데 지금 소인배의 말 때문에 장군과 신의 사이가 벌어지게 되었습니다."

항왕이 "이는 패공의 좌사마인 조무상의 말 때문이오. 그렇지 않았다면 이 항적이 왜 이렇게까지 했겠소이까?"라고 말했다(항적은 항우의 이름이다).

항왕은 이날 패공을 머무르게 하여 함께 술을 마셨다. 항왕과 항백은 동쪽을 향해서 앉고, 아보는 남쪽을 향해서 앉았다(아보는 범증이다). 패공은 북쪽을 향해서 앉고, 장량은 서쪽을 향해 배석했다. 범증이 여러 차례 항왕에게 눈짓을 하며 차고 있던 옥결을 들어 보이길 세 차례, 항왕은 말없이 반응을 보이지 않았다. 범증이 일어나 나가며 항장을 불러 이렇게 말했다.

"군왕이 모질지 못한 사람이다. 들어가면 앞으로 나가 축수를 올려라. 축수가 끝나면 칼춤을 청해 틈을 보다가 앉은 자리에서 패공을 쳐 죽여라. 그렇게 하지 못하면 장차 모두가 그에게 잡히고 말 것이다."

항장은 바로 들어가서 축수를 올렸다. 축수를 마치고는 "군왕과 패공께서 술을 드시는데 군중에 즐길 거리가 없으니 칼춤이라도 출까 합니다."라고 했다.

항왕이 "좋다."고 하자 항장은 검을 뽑아 춤을 추기 시작했다. 그러자 항백도 검을 뽑아 춤을 추기 시작했는데, 몸으로 계속 패공을 감싸는 바람에 항장이 공격할 수 없었다.

상황이 급하게 돌아가자 장량은 군문으로 가서 번쾌를 만났다. 번쾌가 "오늘 일은 어떻게 되었소?"라고 묻자, 장량은 "아주 급하오. 지금 항장이 검을 뽑아들고 춤을 추는데 아무래도 그 의도가 패공에게 있는 것 같소."라고 답했다.

항장과 항백의 검무를 나타낸 장면이다. 바로 이 장면이 '항장무검, 의재패공'이다.

번쾌가 "이거 급박하게 되었군. 신이 들어가 목숨을 걸고 싸우겠
소!"라고 했다.

번쾌가 곧장 검을 차고 방패를 들고는 군문으로 들어갔다. 위병
들이 안으로 들어가지 못하게 창으로 막자 번쾌가 방패 모서리로
쳐서 위병을 쓰러뜨렸다. 번쾌가 드디어 안으로 들어가 장막을 걷
고 서쪽을 향해 서서는 눈을 부릅뜨고 항왕을 노려보는데, 머리카
락은 하늘로 곤두서고 눈꼬리는 찢어질 것 같았다.

항왕이 검을 짚고 무릎을 세워 앉으면서 "그대는 뭣 하는 자인
가?"라고 물으니, 장량이 "패공의 참승 번쾌라는 자입니다."라고
대답했다.

항왕이 "장사로다! 그에게 술을 내려라!"라고 했다. 바로 큰 술잔
에 술이 나왔고, 번쾌는 고맙다는 절과 함께 일어나 선 채로 다 마
셨다.

항왕이 "돼지 다리를 주어라."라고 하자, 바로 익히지 않은 돼지
다리 하나가 주어졌다. 번쾌는 방패를 땅에 엎어 그 위에 돼지 다

리를 올려놓고는 검으로 잘라 먹었다.

항왕이 "장사, 더 마실 수 있겠는가?"라고 물으니 번쾌는 이렇게 말했다.

"죽음도 피하지 않는 신이 술 한 잔을 어찌 사양하겠소이까! 대저 호랑이와 이리 같은 마음을 가진 진왕이 사람 죽이기를 다 죽이지 못할 듯 죽이고, 형벌이란 형벌을 다 사용하지 못할 듯 형을 가하니 천하가 모두 그를 배반한 것이외다. 회왕께서는 여러 장수들과 '먼저 진을 깨고 함양에 들어간 자를 왕으로 세우겠다'고 약속하셨습니다. 지금 패공께서 먼저 진을 깨고 함양에 들어가셔서 추호도 물건에 손을 대지 않고 궁실을 단단히 봉쇄한 다음 패상으로 철군하여 대왕께서 오시기를 기다린 것입니다. 일부러 장수를 보내 관문을 지키게 한 것은 다른 도적들의 출입과 비상사태에 대비하기 위해서였습니다. 힘들게 이렇듯 높은 공을 세웠는데도 제후로 봉하는 상은 없을망정 소인배의 헛소리를 듣고 공을 세운 사람을 죽이려 하다니 이는 멸망한 진의 뒤를 잇는 짓이니 대왕께서 취할 행동은 아니라고 생각합니다."

항왕은 아무런 반응을 보이지 않다가 "앉으라."고 했다. 번쾌는 장량을 따라 앉았다. 앉은 지 얼마 되지 않아 패공이 측간에 간다고 일어나 번쾌를 밖으로 불러냈다.

패공이 나간 뒤 항왕은 도위 진평에게 패공을 불러오게 했다.

패공이 "바로 나오느라 작별 인사도 하지 않았는데 어찌하면 좋겠는가?"라고 하자, 번쾌는 "큰일에서는 자잘한 것은 따지지 않고, 큰 예의에서는 작은 나무람 정도는 겁내지 않는 것입니다. 지금 저쪽은 칼과 도마고 우리는 물고기 신세인데 무슨 작별 인사랍니까?"라고 했다.

패공이 드디어 그곳을 떠나면서 장량에게 남아서 사죄하게 했다. 장량이 "대왕께서 선물은 갖고 오셨습니까?"라고 물었다.

패공은 "항왕에게 주려고 백벽(白璧) 한 쌍과 아보(범증)에게 주려고 옥두(玉斗) 한 쌍을 가지고 왔는데 지금 그 성난 모습을 보고는 감히 올리지 못했지. 공이 나 대신 바치시오."라고 했다.

장량은 "삼가 받들지요."라고 했다.

이때 항왕의 군대는 홍문 아래에 있었고, 패공의 군대는 패상에 있어 서로 40리 떨어져 있었다. 패공은 수레와 말을 버려 둔 채 몸만 빠져나와서 혼자 말을 탔다. 번쾌, 하후영, 근강, 기신 등 네 사람은 검과 방패를 지니고 걸어서 여산을 내려와 지양의 샛길을 거쳐 왔다.

그에 앞서 패공은 장량에게

홍문연에서 가장 강한 인상을 남기고 있는 번쾌.

"이 길로 우리 군영까지는 20리에 지나지 않소. 내가 군중에 도착했다고 생각되면 공이 바로 들어가시오."라고 일러두었다. 패공이 떠나고 샛길로 군중에 도착할 때가 되자 장량은 안으로 들어가 사죄하며 이렇게 말했다.

"패공께서 술을 이기지 못하여 작별 인사를 드릴 수 없었습니다. 삼가 신 장량에게 백벽 한 쌍을 받들어 대왕 족하께 재배의 예를 올리며 바치게 하셨고, 옥두 한 쌍은 대장군 족하께 재배의 예를 올리며 바치게 하셨나이다."

항왕은 "패공은 어디에 계신가?"라고 물었고, 장량은 "대왕께서 잘못을 나무라실 것 같다는 말을 듣고는 혼자 빠져나가셨는데 군중에 이미 도착했을 것입니다."라고 대답했다.

항왕은 바로 백벽을 받아 자리 위에 두었지만, 아보는 옥두를 받아 바닥에 놓고는 검을 뽑아 그것을 깨부수며 "에잇, 어린애와 함께 일을 꾀하는 것이 아닌데! 항왕의 천하를 빼앗을 자가 있다면 틀림없이 패공이다. 이제 우리들은 모두 그의 포로가 될 것이다!"라고 했다.

패공은 군영에 당도하자마자 즉시 조무상을 베어 죽였다.

드라마보다
더 흥미로운
팩트의 힘(2)

'항장무검(項莊舞劍),
의재패공(意在沛公)'의 함의

'홍문연'의 실질적 주역들

세기의 술자리 '홍문연'의 주역은 항우와 유방이 아니었다. 두 사람이 주객임에는 틀림없으나 주역은 아니었다. **1차적으로 이 술자리를 전체적으로 연출한 사람은 항우의 최측근 범증**이었다.

유방을 제거할 절호의 기회를 얻은 이상 머뭇거릴 수 없는 일이었다. 항우도 범증의 계획에 동의하는 것처럼 보였다. 그러나 결정적 순간에 항우는 머뭇거렸고, 범증은 직접 항장에게 손을 쓰라고 지시했다.

그런데 뜻밖의 암초가 나타났으니 다른 사람도 아닌 항우의 숙부 항백이었다. 장량과 인연이 있던 항백은 이 음모를 유방 진영에 고자질했고, 항장의 칼춤에 맞서 유방을 보호하는 수호천사의 역할까지 자청했다. 여기에 위기를 느낀 장량이 번쾌를 불러들여 분위기를 반전시키고, 그 틈에 유방을 빼돌려 사지를 벗어났다.

홍문연의 전 과정을 꼼꼼히 살피면 이 술자리를 중국사의 명장면이자 세기의 드라마로 반전시킨 사람은 다름 아닌 항백이었음을 발견할 수 있다. 그는 범증의 계획을 알고는 이를 장량에게 알리는 한편, 항우 앞에서 유방을 극구 변호하고 나섰다. 요즘으로 말하자면 X맨 그 자체였다.

한편 홍문연과 관련하여 유방 진영의 주역은 1차적으로 항백과 개인적 친분과 인연을 맺고 있는 장량이었지만, 홍문연을 극적으로 마무리한 반전시킨 인물은 역시 번쾌였다.

166

번쾌는 당당하게 항우에 맞서 논리적으로 유방을 변호하는 한편 유방에게 서둘러 자리를 빠져나가도록 재촉함으로써 결정적인 역할을 해냈다.

여기서 좀 더 생각해볼 점은 항백의 이적행위다. 항백은 이 중차대한 시점에 어째서 이렇게 내놓고 항우와 범증을 배반(?)할 수 있었을까? 몇 년 전 개봉된 영화 〈초한지 – 천하대전〉에서는 항백이 마치 천하 백성

영화 〈초한지 – 천하대전〉은 오로지 이 홍문연 한 장면을 축으로 초한쟁패를 흥미롭게 다루고 있다. 이렇듯 역사의 팩트는 무한한 상상력을 부추긴다. 리더가 역사를 공부해야 하는 이유도 여기에 있다.

들의 평화를 위해 그런 이적행위를 한 것처럼 묘사했지만 이는 어디까지 영화적 상상력에 불과할뿐더러 설득력도 떨어진다.

패권을 두고 사생결단을 벌이고 있는 두 진영의 핵심 인물 중 한 사람으로서 항백의 위상은 결코 만만치않다. 유방을 죽이려는 항우에 맞서 그가 보는 앞에서 대놓고 유방의 목숨을 지키려고 칼까지 뽑은 사실은 이적이자 항명이었다. 그런 행위는 죽음을 면키 어렵다. 그러나 항백은 어떤 처벌도 받지 않았다. 아니 사소한 나무람조차 듣지 않았다.

항우의 반응과 태도도 의문이다. 범증의 각본대로 움직였더라면 천하 대권의 주인은 일찌감치 항우로 낙착되었을 것이고, 초한쟁

패니 패왕별희니 하는 드라마도 없었을 것이다.

하지만 항우는 유방을 변호하는 항백의 말에 마음이 흔들렸고, 유방의 변명에 조무상을 핑계 대며 얼버무렸다. 또 항장의 칼춤에 맞추어 유방을 죽이라는 신호를 보내달라는 범증의 눈짓을 세 번이나 무시했다. 이어 번쾌의 항의에 맥없이 술만 권했고, 유방이 줄행랑을 치며 남기고 간 선물 벽옥을 고이 받음으로써 거창하게 시작된 연회를 싱겁게(?) 마무리하고 말았다.

홍문연은 이렇게 유방의 기사회생으로 마무리되었고, 이후 천하는 본격적인 초한쟁패라는 새로운 국면으로 접어든다. 유방으로서는 정말 다 죽었다가 살아난 셈이었다. 사지인 줄 알면서도 갈 수밖에 없었던 술자리를 단 한 사람의 희생 없이 빠져나왔으니 말이다(번쾌에 방패에 맞은 항우의 위병들은 별도로 하고).

유방은 승리할 확률 제로에 가까운 항우와의 전투를 피했을 뿐만 아니라

홍문연의 검무 장면을 조각한 조형물이다. 중앙이 항우다.

사지 홍문연에서 살아 나왔다. 또 이보다 앞서 함양성에 먼저 입성하여 진나라 백성들의 인심까지 얻은 뒤였으니 남는 장사로 이런 장사가 어디 있겠는가?

홍문연은 항우의 처절한 실패작이었다. 아니 그보다는 연출가 범증의 실패작이었다. 이 사건을 계기로 범증은 항우와 멀어졌고, 결국 항우를 떠나게 된다. 그리고 범증을 잃은 항우는 급전직하 주도권을 잃는 것은 물론 천하의 패권마저 유방에게 넘겨주었다. 이런 점에서 홍문연은 천하대권의 향방을 바꾸는 결정적인 사건이 아닐 수 없다.

어쨌거나 유방을 사지에서 구해 낸 주인공은 항우 진영의 항백이었다. 따라서 항백의 이해 못할 행위를 먼저 분석해보고, 이어 기타 인물들의 당시 행위를 함께 분석한 다음 이 세기의 장면을 마무리해본다.

'홍문연' 정밀 분석

이제 주요 인물들의 행위를 분석함으로써 홍문연이 어째서 세기의 술자리가 되었는지 알아보겠다. 사실 홍문연은 항우가 유방을 살려주었기 때문에 패한 것이 아니라 뒤이어 벌어질 일련의 실패들을 초래한 여러 요인들의 복선이 깔린 자리였다는 점에서 중대한 의미를 가진다. 역사의 명장면은 결말보다는 그 결말의 한 자락을 슬며시 들여다볼 수 있는 단서를 제공하는 이런 장면이 아닐까?

항백은 말 그대로 유방의 수호천사였다. 유방을 제거하려는 범증과 항우의 계획을 고자질했을 뿐만 아니라 홍문연에서는 유방을 찌르려는 항장의 칼춤에 맞서 유방을 보호했다. 항백의 유방 사랑은 이걸로 끝이 아니었다. 그 뒤 유방의 가족이 항우에게 포로로 잡히고, 항우가 유방의 아버지 태공을 끓는 물에 삶아 죽이겠다며 유방을 협박했을 때도 항백은 항우에게 태공을 죽이지 말 것을 권했다. 대체 항백은 유방의 뭘 보고 이렇게 지극정성으로 유방을 보호했을까? 유방을 존경했거나 천하 대권의 주인으로서 유방을 점찍어서 였을까?

실상은 그렇지 않다. 결론부터 말해 **항백은 유방이 아니라 장량을 보호**한 것이다. 항백은 과거 살인자 신분으로 수배당하고 있을 때 장량에게 큰 은혜를 입었다. 항백에게는 이런 사사로운 은원관계가 조직의 이익보다 더 중요했다.

이것이 이른바 **지은필보**(知恩必報)의 '**협의**(俠義)' 정신이라는 것이다. 전국시대를 풍미했던 유협들의 의리와 그 정신적 유산이 항백은 물론 이 당시 사람들에게 여전히 강하게 남아 있었다. 항우가 항백의 건의에 흔들린 것이나 일을 그르치고도 항백을 문책하지 않은 것도 다 이런 전통적 사고를 존중했기 때문이다. 이런 협의 기질은 사마천에게도 있었다.

하지만 전국시대 협의정신의 유풍이 항우의 결단을 가로막았다고 해서 항우의 모든 행위가 납득되는 것은 결코 아니다. 대세를 중시해야 하는 리더로서 항우의 판단과 결정은 항백의 그것과는 엄연히 달라야 했기 때문이다.

그런 점에서 항우는 유방의 적수가 되지 못했다. 유방은 자신의 걸림돌이 될 사람이라 판단하면 가차없이 제거했다. 항우의 행동에는 무엇보다 유방을 인정하지 않고 깔보는 오만한 심리가 작용하고 있다. 그래서 유방의 사죄를 그냥 받아들였던 것이다. 네까짓 것이 그러면 그렇지 하고는 그냥 넘어간 것이다. 그러면서 조무상을 핑계 댄 것은 그 절정이었다. 오만함에 비겁함까지 묻어난다.

이런 항우의 오만함 뒤에는 그의 기질이 함께 작동하고 있다. 홍문연으로부터 얼마 뒤 한신은 유방 앞에서 항우를 평가하면서 항우의 마음 씀씀이를 '부인지심(婦人之心)'이라고 표현했다. 사람을 아끼고 존중하는 것 같지만 실은 '여자의 마음' 같아 중요한 순간에 결단을 내리지 못한다는 의미였다.

요컨대 홍문연에서 항우가 유방을 제거하지 못한 것은 유방은 자신의 적수가 못 된다는 항우의 우월감과 자만심, 그리고 우유부단이 동시에 작동한 결과였다.

항우의 이런 우유부단을 놓고 범증이 항우를 '어린애'로 표현한 점도 눈길을 끈다. 그러면서 범증은 유방을 '패공'이라고 높여 불렀다. 항우의 최측근이었던 범증은 '어린애'와 '패공'이란 호칭으로 구별해 부름으로써 이 둘의 운명을 예견한 셈이다.

그리고 이보다 앞서 범증은 함양성 입성 이후의 유방의 태도에 대해 정확하고 예리한 분석을 내놓으면서 유방을 제거하라고 했는데, 이는 지금 유방을 제거하지 않으면 전세가 역전될 수 있음을

홍문연의 실제 주역인 항백.

직감했기 때문이다. 하지만 젊고 오만한 항우는 노회한 범증의 분석을 수용하지 못했다. 항백의 권유를 물리치지 못한 이면에는 범증의 수를 읽지 못한 항우의 자질 부족과 소심함이 작동하고 있었다.

반면 유방은 항우의 기질을 제대로 간파한 걸로 보인다. 항우가 자신을 제거하려 한다는 말을 듣자마자 장량을 통해 항백을 포섭하고, 이어 홍문연에서는 항우에게 한껏 자세를 낮추는 기가 막힌 연기력을 보였다.

유방이 다른 사람에게 비굴할 정도로 몸을 낮추는 장면은 이 홍문연이 거의 유일무이하다. 유방은 자신이 처한 절박한 상황을 정확하게 인식했고, 이 난국을 타개하기 위해 자신이 할 수 있는 모든 방법을 다 동원했다. 이것이 '상황 리더십'이다. 리더가 때로는 교활해야 한다는 말은 다름 아닌 유방을 두고 한 말이라 해도 과언이 아닐 정도로 유방의 처신은 절묘했다.

한 가지 더 지적할 것은 항우와 항백, 그리고 범증의 관계 문제이다.

172

초나라 전통에서 가족관계는 대단히 중요했다. 진시황의 진나라에게 나라가 망한 뒤로 사람들 사이에서는 '초나라에 단 세 집만 남아 있어도 진을 멸망시킬 나라는 초나라다'는 말이 떠돌 정도로 진에 대한 원한이 깊었다. 이런 원한이 가족관계를 훨씬 결속시킨 것은 더 말할 필요가 없다.

따라서 항우에게는 범증보다는 숙부 항백의 존재감이 더 컸다. 그래서 범증의 계획을 따르기보다는 항백의 권유를 수용한 것이다. 여기에 범증과 항우의 세대차도 어느 정도 작용했을 것이다.

한편, 항우의 기를 꺾은 번쾌의 마무리는 이 세기의 드라마를 보다 극적으로 만드는 흥행 장치로 손색이 없었다. 또 이 모든 상황을 예견이라도 한 듯 예물까지 챙겨 술자리를 마무리하는 장량의 빈틈없는 단속도 홍문연을 감상하는 포인트라 할 것이다. 이상의 과정을 순서대로 간단하게 정리해보면 이렇다.

범증의 기획 – 항백의 기밀누설 – 장량의 준비 – 항백의 권유 – (홍문연) – 유방의 연기 – 항우의 얼버무림 – 범증의 신호 – 항장의 검무 – 항우의 무시 – 항백의 방어 – 번쾌의 항변 – 항우의 포기 – 유방의 탈출 – 장량의 마무리

이상 세기의 술자리 '홍문연'은 마치 잘 짜진 각본에 따른 긴박감 넘치는 한 편의 드라마였다. 이것이 역사적 팩트가 갖는 매력이자 힘이다. '팩트를 뛰어넘는 픽션은 없다.'

어쨌거나 홍문연으로부터 4년 뒤 항우는 오강에서 자살로 파란만장한 생을 마감한다. 죽는 순간 항우의 뇌리를 스친 것이 있다면 과연 무엇이었을까? 혹시 홍문연 그 술자리는 아니었을까?

참! 그건 그렇고 유방, 아니 장량의 수호천사 항백은 그 뒤 어떻게 되었을까?

항백 그는 유방이 기원전 202년 천하를 재통일하고 2년이 지난 기원전 200년 사양후라는 작위를 받았다. 홍문연에서 유방의 목숨을 구했을 뿐만 아니라 유방 가족들의 목숨까지 구한 공로의 대가였다. 그뿐만이 아니었다. 유방과 같은 유씨 성까지 하사받았다. 문득 항백이야말로 이 모든 상황을 예견한 진정한 고수가 아닐까 하는 생각마저 든다. 흔히 하는 말로 인간사 정말 알 수 없다.

역사는 정녕 우연과 우연이 연속되면서 필연적 결과를 만드는 것인가? 그렇다면 유방은 정말 억세게 운이 좋은 사람이었다. 역사에 작용하는 운, 이걸 대세라고 하는 것 아닐까? 난세에 그 대세를 읽는

홍문연은 많은 인재들의 이동을 초래했다. 홍문연을 항우의 최대 실패작으로 보는 까닭은 이를 계기로 항우 밑에 있었던 인재들이 유방에게 갔기 때문이다. 한신도 그중 한 사람이었다.

사람이 책략가이고, 그 대세를 움직이는 사람은 영웅이며, 그 대세에 올라타는 사람이 최후의 승자일 것이다.

여기서 잠깐! 홍문연을 감상하는 또 하나의 포인트가 있다. 유방이 술자리를 빠져나간 다음 항우는 무슨 생각이 들었는지 누군가를 시켜 유방을 불러오게 했다. 이 누군가가 중요하다. 홍문연에서 단 한 장면 잠깐 등장하는 이 사람, 유방을 부르러 나간 바로 이 사람이 누군가?

바로 진평(陳平)이다. 당시 항우 밑에서 도위라는 벼슬을 하고 있었다. 진평은 얼마 뒤 유방에게 귀의하여 유방의 핵심 참모가 되는데, 모르긴 해도 이날 홍문연에서 벌어졌던 상황을 예의주시하고 있다가 자신의 진로를 결정한 것이 아닐까?

진평이 항우를 떠나 유방에게 건너간 사건은 '초한쟁패'에 있어서 상당히 의미 있는 대목인데, 그 복선이 '홍문연'에 깔려 있다. 역사는 이렇게 재미있다. 팩트가 픽션보다 훨씬 재미있다.

그리고 또 하나! 훗날 유방이 항우를 물리치는 데 결정적인 역할을 한 최대 공신이자 당대 최고의 명장, 한신(韓信)은 당시 어디에 있었을까? 분명한 사실은 유방이 홍문연 이후 한중(漢中)으로 들어갔을 때 한신도 거기 있었다는 것이고, 그전까지 한신은 항우 밑에 있었다. 이렇게 정리해 보았다.

"홍문연은 이렇듯 before와 after에 엄청난 변화를 가져온 획기적인 술자리였다."

인간의 삶에서 빠질 수 없는 세 가지를 공자(孔子)는 식(食), 색(色), 성(性)이라 했다. 공자란 위인은 이런 점에서 참 꾸밈이 없다. 그의 언행록 《논어》에는 공자의 이런 풍모가 곳곳에 스며들어 있다. 중국인의 바이블이란 별명이 무색하지 않다.

그런데 인간은 단순히 허기를 채우기 위해 먹고 마시는 이 원시적 본능에 만족하지 못했다. 먹고 마시는 자리에 특별한 의미를 부여했고, 이 때문에 역사상 흥미로운 사건이 적지 않게 발생했다. 특히 술과 음식을 동반한, 흔히들 술자리라고 부르는 자리가 역사를 바꾸는 일까지 벌어졌다.

고대 사회에서 술과 여자, 그리고 사냥은 권력자의 보편적인 기호에 속했지만 이 때문에 패가망신은 물론 나라까지 망친 자들이 속출했다.

이 세 가지는 그 정도가 지나치면 사람을 미치게 만들기 때문이다. 그중에서 술과 술자리는 아주 다양한 형태와 방식으로 역사에 깊숙이 개입했고, 지금도 개입하고 있다는 점에서 역사가는 물론 역사에 호기심을 가진 사람의 흥미를 끌기에 충분하다.

우리 현대사를 극적으로 바꾼 10·26 사건이 술자리에서 터졌고, 온갖 정치적 스캔들이 술자리에서 비롯되었다. 이 때문에 국가 최고 권력자가 피살되고, 정치적으로 파산한 자들이 여럿 생겨났다. 술자리가 한 개인의 몰락은 물론 역사까지 바꾼다는 말이 그리 과

장된 말은 아닌 것 같다.

최근 중국에서 출간된 한 대중 역사서에는 중국사를 바꾼 10대 술자리가 소개되어 있는데, 그중에서 항우와 유방의 운명을 바꾸어 놓은 이른바 '홍문지연(鴻門之宴)' 또는 '홍문연'으로 표현되는 홍문에서의 술자리는 가장 실패한 술자리로 꼽혔다.

이 술자리가 실패였는지 여부에 대해서는 누구의 입장에서 보느냐에 따라 논란이 많겠지만, 이 '홍문지연'은 사마천의 《사기》에 등장하는 많은 명장면 중에서 단연 첫손가락에 든다는 점에는 이견이 없을 것 같다. 지금까지 우리가 역사 기록을 가지고 홍문연의 내막과 그 의미를 파헤쳐보았듯이 이 술자리는 항우와 유방 두 사람은 물론 역사를 바꾸는 중요한 계기로 작용했다. 그리고 그 술자리의 과정은 단순한 힘겨루기가 아닌 외교적 대결이었다. 즉, 참모들의 지혜와 리더의 결단이 어우러진 종합 예술의 경지에 오른 명장면이었던 것이다.

외교는 자주적 예술 행위다

자, 이제 결론을 위해 시계를 2015년으로 돌려보자. 2015년 9월 미국을 국빈 방문한 시진핑 중국 국가주석은 22일 첫 방문지인 시애틀의 한 호텔에서 가진 만찬 연설에서 미국을 겨냥하여 고전과 역사서 구절을 인용했다.

하나는 《사마법(司馬法)》이라는 병법서와 《사기》 〈평진후주보열전〉에 나오는 '국수대(國雖大), 호전필망(好戰必亡)'이라는 대목이었고, 또 하나는 '도리불언(桃李不言), 하자성혜(下自成蹊)'라는 〈이장군열전〉에 인용된 오랜 속담이었다.

앞의 명구는 '나라가 비록 크다 해도 전쟁을 좋아하면 망할 수밖에 없다'는 뜻이고, 뒤의 속담은 '복숭아나무와 자두나무는 말이 없지만 그 아래로 절로 큰길이 난다'는 뜻이다.

앞은 명백히 미국을 겨냥한 말이고, 뒤는 넌지시 중국을 가리킨다. 뒤의 속담은 복숭아나무와 자두나무는 말을 못 하지만 그 아래로 길이 나는 것은 향기로운 꽃을 피우고, 달고 맛난 과실을 주렁주렁 열면 사람들이 알아서 제 발로 찾아오기 때문이라는 뜻이다. 전쟁과 같은 무력이 아닌 어진 덕으로 이웃과 잘 지내면 절로 찾아오고 가까워진다는 비유이다. 미국과 중국을 대비시킨 비유임이 분명했다.

이상과 사드 사태에서 중국 외교부장이 인용한 '항장무검, 의재패공'을 함께 놓고 중국의 의중을 파악해보면 나름 퍼즐이 맞춰진다. 당시 시진핑의 성명은 나라가 크고 힘이 세다고 자꾸 힘으로 다른 나라를 때리면 언젠가는 부메랑이 되어 돌아가서 결국 망할 수밖에 없다는 메시지인데, 그로부터 불과 6개월이 채 되지 않아 사드 배치 문제가 불거졌다.

중국은 그것이 명백히 중국을 겨냥한 것으로 받아들였고, 그 일련의 과정에 한국이 앞장서서 춤을 추었으니 당장 미국에 대한 보복은 어렵고, 결국 미국에 대한 경고 겸 이에 앞장선 한국에 대한 보복이 어떤 방식으로든 뒤따랐던 것이다.

물론 시진핑 주석이 '복숭아나무와 오얏나무'의 향과 열매를 거론하며 중국은 경제와 문화로 이웃을 대하겠다는 메시지를 함께 던졌기 때문에 노골적으로 보복을 가해오진 않을 것이다. 하지만 방법은 얼마든지 있다. 그래서 등 뒤가 더 서늘하고 두려운 것이다(결과가 어떠했는지는 굳이 다시 언급할 필요가 없겠다).

중국이 우리 경제에서 차지하는 비중은 어느 정도인가? 또 우리가 중국과의 무역에서 벌어들이는, 아니 벌어들였던 흑자 폭은 얼마인가? 남북통일은 고사하고 당장 바닥을 치고 있는 우리 경제 상황에서 그 당시 최소한 이것만이라도 심각하게 고려했더라면 그런 어리석은 결정은 결코 내리지 않았을 것이다.

국제 외교에서 영원한 내 편은 없다. 미국은 결코 우리 편이 아니다. 역사가 입증하듯 강대국은 언제든 필요하면 약소국을 집어삼켰다. 약자의 외교는 그래서 예술적 경지에 오르지 않으면 안 된다. 단, 스스로 주인이 되어 주도하는 '자주(自主)'가 전제되어야 한다. 휘둘리거나 부화뇌동하거나 특정 상대의 앞잡이가 되는 것은 절대 금물이다.

이런 점을 염두에 두고 우리 위정자들에게 묻는다.

'홍문연'을 어떻게 이해하고 분석할 것인가?

그리고 그것을 통해 중국 당국의 메시지를 어떻게 받아들이고 대처할 것인가?

홍문연에 등장한 인물들을 지금 북한, 한국, 중국, 미국, 러시아,

일본의 6자 중 어느 쪽에 대입시켜 이해하면 될까?

　나랏일을 담당한 사람들은 이래저래 공부를 많이 해야 한다. 그리고 춘추시대 정나라 정치가이자 외교가로서 40년 동안 오로지 백성과 나라를 위해 노블레스 오블리주를 몸소 실천했던 정자산의 말대로 그에 앞서 사람이 먼저 되어야 한다.

10

민심(民心)을
얻는 자
공천(公薦)을
얻는다?

위(권력자)에 붙을 것인가,
아래(민심)로 내려 갈 것인가?

'민심을 얻는 자가 천하를 얻는다'는 명언은 이제 진부한 소리가 되었지만 이 진부한 명언을 무시하거나 부정할 수 있는 사람은 없다. '진부하고 식상한 진리'라고나 할까? 문제는 우리 현실, 특히 정치판에서 이 진리가 아주 나쁘게 이용당하고 있다는 사실이다. 선과 악 모두 '민심'을 앞세우고 '민심'을 농락하기 때문이다.

그렇다면 이를 어떻게 가려내야 하나? 여기 소개하는 숙향의 '득국오난'을 적용해서 잘 살피길 권한다. 또 저들이 하는 말을 잘 살필 것도 제안한다. 말의 격, 즉 '언격(言格)이 곧 인격(人格)'이기 때문이다. 사실 저들의 말만 잘 살피면 어렵게 가릴 것도 없이 누가 나쁜 놈인지 금세 눈에 보인다. 더 큰 문제는 우리에게 있다. 나라와 후손의 미래가 달린 중대한 결정을 내릴 때마다 혈연, 지연, 학연, 군대연, 종교연 따위의 망국적이고 치명적인 줄에 걸려 빠져나오지 못하고 나쁜 선택을 하기 때문이다.

모든 권력은 우리들에게서 나온다. 따라서 책임도 우리가 져야 한다. 나쁜 선택에는 더 큰 책임이 따른다. 그런데 그 책임을 나 몰라라 하는 우리가 생각보다 많고, 그 때문에 나쁜 정치가들이 아래로 내려오지 않고 위에 달라붙어 민심을 농락하며 설치고 있는 것이다.

권력투쟁의 계절이 왔다?

《수서(隋書)》〈이악전(李諤傳)〉에 보면 공자(孔子)의 제자 언언(言

偃)의 다음과 같은 말이 인용되어 있다.

"사군수(事君數), 사욕의(斯辱矣) ; 붕우수(朋友數), 사소의(斯疎矣)."
"자신이 모시는 군주(리더)와 공을 다투면 틀림없이 군주의 단점을 떠들게 되어 결국은 욕을 당하게 된다. 친구와 공을 다투면 사이가 멀어지게 된다."

자신이 모시는 군주(리더)와 공을 다투면 틀림없이 군주의 이런저런 부족한 점과 섭섭함을 떠들게 되어 결국은 군주에게 욕을 보이는 것은 물론 자신도 욕을 당하게 된다는 뜻이다. 오늘날로 보자면 이 말은 적절치 않다. 누가 세웠건 모든 공을 군주에게 돌리라는 봉건적이고 수동적 사유방식을 보여주고 있기 때문이다. 물론 예나 지금이나 자신이 세우지 않은 공을 가로채거나 남이 세운 공을 인정하지 않으려는 풍조는 여전하다. 하지만 백성들과 다투는 정치가 가장 못난 정치라 했듯이, 부하들과 공을 다투는 리더가 가장 못난 리더라 할 것이다.

이 명구는 부하가 아닌 리더의 입장에서 다시 되새겨 봐야 한다. 우리 정치에서 집권 말기 레임덕이 오거나 총선을 비롯한 선거철이 오면 영락없이 이런 현상이 반복된다. 양보란 있을 수 없다. 권력을 목숨처럼 여기는 자들의 싸움이기 때문이다. 이런 권력 투쟁의 시기가 오면 민심이 동요하고, 세상이 갑자기 어지러워진다.

권력(權力)인가, 민심(民心)인가?

2016년 박근혜 정권 당시 총선을 둘러싼 당시 집권 여당의 공천권 문제가 불거지면서 양상이 극심한 권력투쟁으로 흘러갔던 사례가 있었다. 당시 같은 여당의 한쪽은 공천권을 국민에게 돌려주겠다는 명분을 내걸었고, 다른 쪽은 현직에만 유리한 애매모호한 방식이라며 태클을 걸고 나섰다. 개입해서는 안 되는 청와대까지 나섰으니 시작부터, 모양부터 볼썽사나왔다. 권력을 위해서는 같은 편끼리도 사정없이 물고 뜯는다. 이것이 권력의 속성이라면 할 말은 없지만 권력의 본질조차 모르는 행태인지라 더 정신 사납다. 총선 결과는 야당에게 패배했고, 정권은 급속도로 몰락하여 결국 탄핵까지 갔다.

권력이란 단어에서 권(權)은 저울추를 말한다. 달고자 하는 물건의 무게를 알기 위해 저울의 균형을 잡아주는 저울추이다. 권력은 힘을 나눈다는 뜻이다. 말 그대로 'Balance of Power'다. 힘을 나눌 줄 알아야 무게를 정확하게 달아 균형을 유지할 수 있다. 달고자 하는 무게는 바로 민심이다. 민심을 제대로 달려면 권력을 나눌 줄 알아야 한다. 정치의 본질이 바로 여기에 있다. 지금 대부분의 정치가들은 권력을 그저 움켜

'권'은 저울추의 이름이다. 사진은 진나라 때의 '권'의 실물이다.

쥐는 것으로만 아는 단세포적 수준에서 벗어나지 못하고 있다. 아니, 권력의 참뜻조차 인식하지 못하고 있다.

　관건은 민심의 향방이다. 저들이 민심을 깔보던 말든 칼자루는 민심이 쥐고 있기 때문이다. 그렇다면 누가 민심에 얼마나 귀를 기울이느냐에 달려 있다. 다시 말해 자기에게 주어진 기득권을 포함한 권력을 얼마나 저울에 내려놓느냐에 달려 있다는 말이다. 명나라 때의 충신 방효유(方孝孺, 1357~1402)는 이런 말을 남겼다.

　"장흥지주(將興之主), 유공인지무언(惟恐人之無言) ; 장망지주(將亡之主), 유공인지유언(惟恐人之有言)."
　"흥하는 군주는 남이 말해주지 않을까 걱정하고, 망하는 군주는 남이 무슨 말을 할까 걱정한다."

　위정자와 정치가들의 흥망을 바른말의 수용 여부와 연계시킨 명언이다. 바른말이 무엇인가? 바로 민심이다. 바른말, 민심에 귀를 기울여라. 민심은 말할 준비는 물론 표로 심판할 만반의 준비를 갖추고 있다.

'이권리합자(以權利合者), 권리진이교소(權利盡而交疏)'

　기원전 697년, 중원의 정(鄭)나라에 내분이 일어나 여공(厲公) 돌

(突)은 채(蔡)나라로 도망갔다가 역(櫟)을 거점으로 재기를 노렸다. 정나라는 둘로 쪼개졌다. 기원전 680년, 재기를 노리던 여공 돌은 정을 공격했다. 대부 보하(甫瑕, 또는 부하傳瑕)를 사로잡아서는 자리와 이권 따위로 유혹한 다음 자신의 복위를 맹서하게 했다. 보하는 자신의 목숨을 바쳐서라도 돌을 맞아들이겠다고 맹서했다. 보하는 약속대로 정자영(鄭子嬰)과 그 두 아들을 죽이고, 여공 돌을 맞아들여 복위시켰다.

약 20년 만에 자리를 되찾은 여공 돌, 그러나 당초 약속과는 달리 보하가 군주를 모시는데 두 마음을 품었다며 그를 죽이려 했다. 보하는 스스로 목을 매어 자결했다.

진(晉)나라의 대부 이극(里克)은 헌공(獻公)이 총애하던 여희(驪姬)가 낳은 두 아들 해제(奚齊)와 탁자(卓子)를 잇따라 죽이고, 진(秦)나라에 망명해 있던 공자 이오(夷吾)를 맞아들여 군주로 옹립하니 이가 혜공(惠公)이다.

혜공은 즉위 후 이극에게 "그대가 없었더라면 나는 군주가 될 수 없었을 것이다. 하지만 그대는 두 명의 진나라 군주를 죽였다. 그러니 내가 어찌 그대의 군주가 될 수 있겠는가?"라며 이극에게 죽음을 강요했다. 그때가 기원전 650년으로 보하가 여공 돌에게 죽임을 강요받은 지 30년 만이었다.

또 한 사람 진(晉)나라 대부 순식(荀息)은 헌공이 죽기에 앞서 어린 해제와 탁자를 잘 보살펴 이들을 진나라의 군주로 옹립해달라며 뒷일을 부탁하자 목숨을 걸고 이들을 지키겠다고 맹서했다. 하지만

해제와 탁자도 이극에게 피
살되었다. 순식은 목숨으로
절개를 지켰지만 해제와 탁
자를 죽음으로부터 구해내
진 못했다.

사마천은 이 두 사건을 함
께 거론했다. 두 사건의 성
격이 서로 비슷했기 때문이
다. 사마천은 〈정세가〉 논
평에서 이 두 사건의 본질
을 다음과 같이 간파했다.

진나라 내분과 순식의 죽음을 상세하게 기록하
고 있는 〈동주열국지(東周列國志)〉의 삽화.

"권세와 이익으로 뭉친 자들은 권세와 이익이 다하면 멀어지기 마련이다
(이권리합자以權利合者, 권리진이교소權利盡而交疏). 보하가 그랬다. 보하는 정
나라 군주를 겁박하여 여공을 맞아들였지만, 여공은 끝내 보하를
배신하고 그를 죽게 했다. 이것이 진나라의 이극과 뭐가 다른가?
절개를 지킨 순식은 자신의 몸을 버리고도 해제를 지키지 못했다.
형세의 변화에는 다양한 원인이 작용하기 때문이다!"

어떤 일의 상황이 시시각각 달라지는 데는 많은 원인이 작용하기
마련이라는 사마천의 지적은 참으로 핵심을 찌르고 있다. 그리고
인간사 변화와 변질의 가장 강력하고도 추악한 요인은 사마천이 첫머리에

지적했던 권세와 이익일 것이다. 아니나 다를까, 보수와 진보를 막론하고 권세와 이익 외에 보이는 것이 없다. 민심은 없다. 민심이 고개를 외로 꼬고 노려보고 있다. 조금만 기다려라!

민심(民心)은 통치의 절대적 기준

맹자는 자신의 어록이자 대화록이라 할 수 있는《맹자(孟子)》〈이루(離婁)〉〈상〉에서 "걸임금과 주임금이 천하를 잃은 것은 그들의 백성을 잃었기 때문이며, 그들의 백성을 잃었다는 것은 그들의 마음을 잃었다는 것이다(실기민자失其民者, 실기심야失其心也)."라고 했다. 그러면서 "천하를 얻는 길이 있으니, 그 백성을 얻으면 천하를 얻는다. 백성을 얻는 방법이 있으니, 그 마음을 얻으면 백성을 얻는다. 그 마음을 얻는 방법이 있으니 하고자 하는 것을 모아서 주고 싫어하는 것을 하지 않는 것이다."라고도 했다. 요컨대 백성의 마음을 얻는 자가 천하를 얻는다는 것이라면서, 그 방법으로 백성들이 하고자 하는

맹자는 걸주(桀紂)를 죽인 일은 신하가 군주를 해친 일로 잘못된 일 아니냐는 질문에 나는 도적놈을 죽였다는 이야기는 들어 보았지만 신하가 군주를 해쳤다는 말은 듣지 못했다고 했다. 맹자는 걸주의 멸망이 백성의 마음을 잃었기 때문이라고 단호하게 못을 박았다.

것을 다양한 통로로 제공하되 원치 않는 것은 행하지 말라고 했다.

맹자는 천하의 책임을 위정자 한 사람의 덕으로 돌리면서도 위정자의 존재를 극단적으로 격하시켰다. 그래서 "백성이 가장 귀하고, 사직(나라)이 다음이고, 군주는 가볍다."라고 말한다. 맹자는 백성의 권익을 맨 위에다 놓았다. 그렇기 때문에 천하를 얻으려면 백성들이 하기 싫어하는 것을 하지 않음으로 백성의 마음을 얻어야 한다는 의식이 가능했던 것이다. 한편 《회남자(淮南子)》〈병략훈兵略訓〉를 보면 이런 대목이 있다.

"여러 사람을 위해 일하면 많은 사람이 돕지만, 자신을 위해 일하면 사람들이 떠나간다. 여러 사람이 도우면 약해도 강해질 수밖에 없고, 사람들이 떠나면 강해도 망할 수밖에 없다."

"거사이위인자(擧事以爲人者), 중조지(重助之); 거사이자위자(擧事以自爲資), 중거지(衆去之). 중시소조(衆之所助), 수약필강(雖弱必强); 중지소거(衆之所去), 수대필망(雖大必亡)."

맹자가 한 말과 같은 맥락이

민본(民本) 사상을 고취하고 있는 《맹자》는 통치자들이 가장 두려워하는 책이 되었다.

다. 사심 없이 백성을 위해 일하는 것이야말로 곧 민심을 얻는 관건이란 말이다.

　민심이야말로 통치의 좋고 나쁨은 물론 옳고 그름을 가늠하는 절대 기준이다. 그래서 민심을 얻는 자가 천하를 얻는다고 하는 것이다. 이합집산의 계절에 민심은 보이지 않는다. 모두가 자신을 위해 일하고 있기 때문이다. 지금 민심은 누구 편도 아니다. 민심이 잠복(潛伏)을 시작했다. 잠복한 민심의 실체는 민심의 주체 외에는 아무도 모른다. 큰일이 기다리고 있다.

숙향의 '득국오난(得國五難)'

　춘추시대 남방의 초나라 평왕(平王)은 속임수로 두 왕을 시해하고 왕이 되었다. 즉위 후 그는 나라 사람과 제후들이 반발할까 겁이 나서 백성들에게 은혜를 베풀었다. 주변국인 진(陳)과 채(蔡)나라의 땅을 되돌려 주고 예전처럼 그 후손을 국군으로 세웠으며, 빼앗은 정나라 땅도 되돌려 주었다. 나라 안을 잘 다독거리고, 정치와 교화를 정돈했다.

　당초 평왕의 아버지 공왕(共王)에게는 총애하는 아들 다섯이 있었다. 공왕은 적자를 세우지 않고 귀신들에게 제사를 올려 귀신이 결정하면 그에게 사직을 맡기려 했다. 그래서 몰래 실내에다 벽옥을 묻어 두고는 다섯 공자를 불러 목욕재계시켜서는 안으로 들여보냈다.

훗날 강왕(康王)이 되는 맏아들은 벽옥을 뛰어넘었고, 영왕(靈王)이 되는 둘째 위는 팔로 벽옥을 눌렀으며, 자비와 자석은 벽옥에서 멀리 떨어졌다. 당시 가장 어렸던 평왕 기질(棄疾)은 다른 사람 품에 안긴 채 절을 했는데 벽옥의 한가운데를 눌렀다.

결과적으로 강왕은 장자로 즉위하였으나 그 아들에 이르러 자리를 빼앗겼고, 위는 영왕이 되었으나 시해 당했고, 자비는 열흘 남짓 왕 노릇을 했고, 자석은 왕위에 오르지도 못하고 모두 죽임을 당했다. 네 아들이 모두 후손이 끊어졌다. 유독 기질만이 훗날 자리에 올라 평왕이 되어 초의 제사를 이어 갔으니 마치 신의 뜻에 부합한 것 같았다.

영왕이 시해당한 뒤 공자 자비가 초나라로 돌아가자 한선자(韓宣子)가 숙향(叔向)에게 "자비가 성공하겠습니까?"라고 물었다. 숙향은 "못할 것입니다."라고 잘라 대답했다. 선자가 "저들이 같은 증오심을 가지고 서로를 필요로 하는 것이 마치 시장에서 물건을 사고파는 것 같은데 어째서 안 된다는 것입니까?"라고 또 물었다. (숙향은) 이렇게 대답했다.

"함께 어울려 잘 지내는 사람도 없는데 누구와 함께 미워합니까? '나라를 얻는 데는 다섯 가지 어려움(득국오난得國五難)'이 있습니다. 총애하는 자는 있는데 인재가 없는 것이 그 하나요, 인재는 있는데 지지 세력이 없는 것이 그 둘이요, 지지 세력은 있는데 책략이 없는 것이 그 셋이요, 책략은 있으나 백성이 없는 것이 그 넷이요, 백성은 있으나 덕이 없는 것이 그 다섯입니다."

그러면서 숙향은 자비가 진(晉)에서 13년을 있었지만 그를 따르는 자들 중 학식이 넓고 깊은 사람이 있다는 소리를 듣지 못했으니 인재가 없다는 것이고, 가족은 없고 친척은 배반했으니 지지 세력이 없다는 것이며, 기회가 아닌 데도 움직이려 하니 책략이 없다는 것이고, 종신토록 (국외에) 매여 있었으니 백성이 없다는 말이며, 명령하고 있는 데도 아무도 그를 생각하지 않으니 덕이 없다는 뜻이라면서 절대 권력을 얻지 못할 것이라고 예견했다.

숙향의 '득국오난'은 비단 자비에게만 한정되지 않는다. 조직을 이끌어가는 사람은 물론 모든 정치가와 통치자가 귀담아들어야 할 지적이다. 국정을 끌어갈 인재, 정책과 권력 기반을 지지해주는 세력, 국정에 대한 원대한 책략, 백성, 그리고 덕이 갖추어져야만 나라를 제대로 이끌 수 있다는 말이다.

지금 우리 정치적 상황과 통치자의 모습을 숙향의 '득국오난'에

숙향의 '득국오난'은 정치가와 위정자들에 대한 경고에 다름 아니다.

대입시켜 찬찬히 곱씹어 보자. 나라가 어디로 가고 있는지 정도는 짐작할 수 있지 않을까? 지금 민심은 잠복한 채 이들을 예의주시하고 있다.

강태공(姜太公)의 경구들

수천 년 동안 많은 현자들과 선각자들은 오랜 역사적 경험을 통찰하여 민심이 천심이라는 점을 확실하게 인식했다. 그 결과 백성과 민심이 얼마나 중요한가에 대해 위정자와 정치가들의 폐부를 찌르기에 충분한 경구들을 남겼다. 최초의 병법서이자 통치 방략서인 《육도(六韜)》를 남긴 강태공(姜太公)은 단호한 어조로 천하 흥망의 관건이 백성들에게 달려 있다고 일갈한다.

강태공의 경구들을 통해 백성과 민심의 중요성을 새삼 일깨워본다. 모쪼록 위정자와 민심을 천심으로 내세우는 정치가들이 조금이나마 좋은 방향으로 길을 잡길 기대해본다.

"천하(백성)와 천하의 이익을 함께 누리는 자는 천하를 얻고, 천하의 이익을 독점하려는 자는 천하를 잃는다."

"동천하지리자즉득천하(同天下之利者則得天下), 천천하지리자즉실천하(擅天下之利者則失天下)."

강태공은 위 구절에 앞에다 "천하는 한 사람의 천하가 아니라 천하의 천하이다."라고 했다. 그러면서 "백성들과 더불어 같이 아파하고, 같은 마음으로 일을 이루고, 좋지 않은 일은 서로 돕고, 좋아하는 일에 서로 모이면 군대가 없이도 이기고, 무기가 없어도 공격하며, 참호가 없어도 지킬 수 있다."라고 말한다.

강태공은 백성들을 위한 정치의 요점을 '백성을 사랑하는 것 뿐이다'는 '애민이이(愛民而已)'라는 말로 간결하게 정리했다. 통치자는 늘 어떻게 하면 백성을 이롭게 하고 즐겁게 할 수 있을까만 고민하면 된다는 것이다. 그러면서 강태공은 **"백성을 힘들게 하는 통치자는 누가 되었건 벌을 받아야 한다!"**고 일갈했다.

사마천은 《사기》 곳곳에서 못난 정치와 그것이 초래하는 수많은 폐단을 날카롭게 지적하고 있다. 특히, 정치 중에서 '가장 못난 정치란 백성과 다투는 정치'라는 천하의 명언을 남겼다. 사마천이나 강태공 모두 같은 마음일 것이다.

못난 정치와 못난 정치가들이 넘쳐나는 현실이다. 뿐만 아니라 우리 사회 각계각층에서 못나고 못된 리더들이 백성들을 힘들게 하고 있다. 모두들 자기만 잘났다고 설친다. 가질 것 다 가지고 있

리더의 필수 요건 중에 가장 중요한 것은 상황 판단력과 자신의 언행을 되돌아볼 줄 아는 자성(自省)의 자세이며, 이 역시 큰 차원의 전략이다. 강태공은 이 둘을 겸비했던 보기 드문 리더였다. 사진은 섬서성 보계시에 남아 있는 강태공 사당 조어대(釣魚臺) 내에 조성되어 있는 강태공상이다.

으면서 정작 가지고 있어야 하고 알아야 할 부끄러움은 전혀 모른다. 사마천은 '먹고 입는 것이 넉넉하면 명예와 부끄러움을 안다'고 설파했는데, 지금 우리 지도층의 모습은 이마저도 상실한 것 같아 안타깝기 짝이 없다. 사리사욕과 탐욕만이 횡행하고 있다.

백성들을 힘들게 하는 리더는 백성들로부터 벌을 받는 세상이라는 사실을 모든 리더들이 명심해야 할 때다. 인심과 세태를 읽지 못하면 살아남을 수 없기 때문이다. 민심과 세태를 제대로 파악하는 것이야말로 전략 중의 전략이다. **민심은 잠복한 채 상황을 예의주시하면서 누구에게 벌을 내릴 것인가 판단을 내릴 준비를 하고 있다.**

민심으로 갑질하는 것은 권리요 의무다

우리 정치에는 때만 되면 어김없이 '이합집산(離合集散)', '동당벌이(同黨伐異, 패거리를 지어 자신들과 다른 자들을 공격함)'하는 현상이 반복된다. 이 두 사자성어 모두 올해의 고사성어로 선정될 만큼 정치판을 묘사하는 대표적인 용어가 되었다.

정치판에서 이런 현상은 당연하다 할 수 있다. 문제는 나라의 미래를 좌우할 수 있는 이런 정치적 상황에 늘 이해관계만 작용해왔다는 것이다. 죄다 민심과 여론을 앞세워 목소리를 높였지만 정작 민심과 여론은 철저하게 들러리였다.

수많은 선각자들이 민심을 얻는 자가 성공하고 권력을 얻는다고

'천하흥망(天下興亡), 필부유책(匹夫有責)', 즉 '천하의 흥망은 보통 사람 책임이다'는 명언을 남긴 고염무(顧炎武).

진단했다. 하지만 우리 현실에서 이런 목소리는 공허한 메아리였다. 민심을 무시하고 민심마저 통제할 수 있다는 오만방자함에 찌들어 있기 때문이다. 더 큰 문제는 저들을 우리 손으로 뽑았다는 사실이다. 민심이 얼마나 무서운가를 제대로 보여 줄 때가 되었다. 민심이 이제 확실하게 갑질할 때가 되었다. 저들의 눈에서 피눈물이 나도록 갑질을 해야 한다.

강태공의 말대로 '엎질러진 물은 주워 담을 수 없고(복수불반분覆水不返盆)', 한비자의 말대로 '백성이 원망하면 나라가 위태로워지고(民怨則國危)', 고염무(顧炎武)의 말대로 "천하의 흥망은 백성들 책임"이기 때문이다. 그래서 민심으로 갑질하는 것은 백성으로서 피해서는 안 되는 신성하고 절대적인 의무이다. 확실하고 강력하게 다시는 저들이 갑질하지 못하게 민심으로 갑질해야 한다. 또 한 번 갑질할 때가 되었다.

11

역사는
그 자체로
뒤끝이다!

역사공부는
'역사의 법정'에 서는 행위다

역사를 두려워할 줄 아는 자만이 현재에 충실하고 미래를 걱정한다. 역사공부를 하는 사람이 역사의 진정한 승리자가 될 수 있다. 과거는 현재를 비추는 거울이고, 미래의 방향을 제시하는 나침반이다. 역사공부는 그 거울에 현재의 모습을 제대로 비출 수 있는 도구(道具)가 되고, 나아가 미래의 방향을 정확하게 제시할 수 있는 자력(磁力)이 된다.

역사공부는 '역사의 법정'에 서는 신성한 행위이기도 하다. 피고가 될 수도 있고, 원고가 될 수도 있고, 재판관이 될 수도 있다. 물론 그 역할에 따라 역사는 달리 보일 수 있지만 한 가지 분명한 사실은 그 재판 과정과 판결은 정의롭다는 것이다. '역사의 법정'은 정의를 실현하는 시간을 초월한 공간이기 때문이다.

따라서 '역사의 법정'은 역사의 죄인을 처단하는 곳이기도 하다. 공소시효 없는 '역사의 법정'을 빠져나갈 수 있는 죄인은 없다. '역사의 법정'은 신성(神聖)한 동시에 삼엄(森嚴)한 곳이며, 삼엄한 동시에 어떤 죄인도 빠져나갈 수 없는 '천라지망(天羅地網)'이다. 역사의 죄인에게는 '무간도(無間道)' 그 자체이다.

당 태종의 삼감(三鑑)

중국 역사상 최고의 명군(明君)으로 평가하는 **당 태종 이세민**(李世民, 599~649)은 역대 그 어떤 통치자보다 역사와 역사의 교훈을 중시했던 군주다. **특히 역사의 평가를 두려워했다.** 그는 늘 과거 역사를 공부하며 자신의 통치행위를 반성했다. 그래서인지 태종은 역대 그 어떤 군주보다 직언과 충고를 흔쾌히 잘 받아들였다.

그는 자신의 통치기 전반을 통해 신하들과 함께 나라 다스리는 일을 격의 없이 상의했다. 조정에서는 누구든 과감하게 직언하는 풍조가 일어났다. 이는 한 사람에게 권력이 집중되었던 봉건적 전제정치 역사에서는 아주 드물고 귀한 일이었다. 당 태종은 대신들에게 자주 이렇게 말했다.

"사람이 자기 모습을 보려면 반드시 맑은 거울이 있어야 하고, 군주가 자신의 잘못을 알려면 반드시 충직한 신하에 의지해야 한다."
"인욕자명(人欲自明), 필수명경(必須明鏡). 주욕지과(主欲知過), 필자충신(必藉忠臣)."

이 말은 그가 적극적으로 간언을 구하고 받아들일 자세가 되어 있음을 잘 보여준다. 태종은 신하들에게 할 말이 있으면 역린(逆鱗)을 건드리는 것을 두려워 말고 용감하게 발언할 것을 독려했다. 그는

'정관지치(貞觀之治)'라는 중국 역사상 최고의 전성기를 구가했던 당 태종을 나타낸 서안시 당나라 거리의 조형물.

제왕과 신하를 물과 물고기의 관계로 보아, 한마음으로 덕행을 함께하고 더불어 천하를 다스리고자 했다. 제도적으로도 언로를 보장했다. 대소 관원들의 직간 중에 취할 것은 취하고, 서로 연구하고 토론하여 전횡과 폐정을 방지하기 위해 실제 조치를 취했다.

건전한 논쟁과 반박을 제도적으로 보장하고, 맹목적으로 황제의 뜻에 따라 시행하는 것에 반대했다. 여론을 수렴하고 이를 솔직하게 전달하는 간관(諫官)을 중시했으며, 직간과 비방을 냉철하게 구별했다. 이 때문에 그의 통치기인 정관(貞觀) 연간(626~649)에는 여론을 전달하고 직언하는 역할을 맡은 간관의 수가 대단히 많았다. 그중에서도 가장 돋보인 인물이 위징(魏徵, 580~643)이었다.

당 태종은 즉위 초부터 필요하면 수시로 위징을 침실로까지 불러 치국의 득실에 대해 물었다. 몇 년 안 되는 짧은 기간 동안 위징은 200여 건에 달하는 사안을 간언하여 태종으로부터 큰 칭찬과 상을 받았다. 위징은 거리낌 없이 직간하고 이치에 따라 논쟁했으며, 때로는 황제의 체면도 살피지 않아 당 태종을 몹시 난처하게 만들기도 했다.

한번은 당 태종이 아름다운 새매 한 마리를 가지고 놀다가 멀리서 위징이 오는 것을 보고 재빨리 품속에 숨겼다. 위징이 알면 한소리 들을까 겁이 났기 때문이다. 위징은 이를 알고는 일부러 오랫동안 보고를 올렸다. 당 태종은 묵묵히 듣고 있을 수밖에 없었는데, 그 바람에 품 안에 있던 새매가 숨이 막혀 죽었다. 그런데도 위징은 간언을 그치지 않았다. 당 태종은 화가 치밀었지만 뭐라 할 수가 없었다.

한번은 조회를 마친 태종이 씩씩거리며 후궁으로 돌아왔다. 그러면서 "이 늙은이를 죽이고 말겠다!"며 화를 냈다. 이 말을 듣고 장손(長孫) 황후가 말했다.

"누구 말입니까?"

태종은 "위징이 매번 조정에서 나를 욕보이지 뭡니까?"라며 분을 삭히지 못했다. 황후는 물러나 침실로 들어가더니 큰 행사 때나 입는 조복(朝服)을 갖추어 입고 뜰에 나와 조용히 섰다. 태종이 놀라서 그 이유를 물었더니 황후는 "신첩은 군주가 밝으면 신하가 곧다고 들었습니다. 위징이 그렇게 곧은 것은 폐하께서 밝으시기 때문입니다. 그러니 신첩이 폐하께 어찌 감축 드리지 않을 수 있겠습니까?"라고 했다. 위징의 강직함을 긍정하는 동시에 태종의 영명함을 칭송하는 이 말에, 태종은 노여움을 풀고 오히려 기뻐했다.

당 태종은 자신에게도 잘못이 없을 수 없다는 인식이 분명했다. 그는 자신에게는 세 개의 거울이 있다는 말을 입버릇처럼 했다. 즉, 의관과 용모를

당 태종이 '인감(人鑒)'이라 부르며 자신의 언행을 바로잡는 거울로 삼았던 직간(直諫)의 대명사 위징.

바르게 할 수 있게 하는 동으로 만든 '동감(銅鑑)', 흥망성쇠의 이치를 깨닫게 하는 역사의 거울인 '사감(史鑑)', 직언으로 자신의 언행과 그 득실을 밝혀 주는 사람 거울인 '인감(人鑑)'이 그것이었다. 훗날 사람들은 이를 '당 태종의 삼감(三鑑)'이라 불렀다.

위징이 세상을 떠나자 태종은 "동감은 모습을 비춰주고, 인감은 득실을 알 수 있게 하는데 위징이 세상을 떴으니 짐은 거울 하나를 잃었도다!"라며 슬퍼했다. 역사는 흥망성쇠의 이치와 통치의 잘잘못을 비춰주는 거울이다. 그래서 **현명하고 분별력 있는 통치자들은 예외 없이 역사의 평가를 두려워했다.**

무측천(武則天)의 '무자비(無字碑)'

중국 역사상 최초이자 유일무이한 여성 황제이기도 했던 무측천(624~705, 우리에게는 측천무후로 잘 알려져 있지만 중국에서는 공식적으로 무측천으로 부른다. 그녀의 이름이 무조武曌였기 때문에 성을 따서 그렇게 부른다)은 강렬한 권력욕과 능수능란한 처신, 그리고 치밀한 정치적 수완으로 기어이 당 왕조를 멸망시키고 주(周)왕조를 세웠다(역사에서는 대체로 무측천의 왕조를 그냥 지나친다. 그녀가 죽은 뒤 바로 당 왕조가 복구되었기 때문에 당 왕조의 역사에 무측천을 포함시키고 있다).

무측천은 세간에서 대단히 잔인하고 사악한 여성으로 묘사되거나 평가되고 있다. 하지만 정치적으로 그녀는 대단히 뛰어난 통치자였다. 무측천은 천수(天壽) 원년인 690년 황제 자리에 오른 뒤부터 신룡(神龍) 원년인 705년 중병이 들어 주위의 압력을 받아 자리에서 내려오기까지 모두 15년 동안 보좌에 앉아 집정했다. 꿈에도 그리던 목적을 달성한 그녀는 집정하는 동안 다른 통치자들과 마찬가지로 부분적으로 부패와 향락에서 벗어나지 못했고, 또 인심을 잃는 일들을 적지 않게 저질렀다.

하지만 이 기간 그녀의 통치와 정치는 전체적으로 보아 적극적이고 진취적인 편이었다. 파격적인 인재 기용과 언론 개방, 잘못을 고칠 줄 아는 자세 등은 단연 돋보이는 부분이었다. 여기에 균전제를 널리 실시하여 농업을 발전시킨 업적도 있었고, 대외적으로는 변방의 우환을 방어하며 나라를 안정시킴으로써 보국안민을 실천에 옮겼다. 이는 모두 사실에 근거한 평가다.

먼저 인재 등용을 보자. 황제 자리에 오른 다음 무측천은 정권의 안정을 다지기 위해 국가를 안정시키는 일련의 정책들을 잇

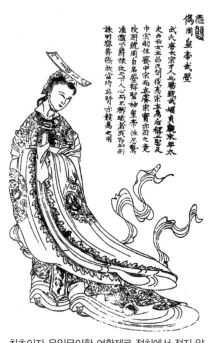

최초이자 유일무이한 여황제로 정치에서 적지 않는 치적을 남긴 무측천.

달아 제정하고 실시했다. 태종이 이룩한 '정관지치'의 황금기를 재현하고자 했다. 이런 정책의 첫걸음이 바로 인재를 널리 구하여 기용하는 '광초현재(廣招賢才)'였다. 이를 위해 그녀는 종래의 틀을 과감하게 깨고 새로운 인재 등용 제도를 수립했다.

먼저 전시(殿試)라는 시험 제도의 물길을 텄다. 재초 원년인 690년 2월 14일, 그녀는 수도 장안(長安)에서 처음으로 전례가 없는 대규모 전시를 거행했다. 전국에서 올라온 인재들이 시험장을 가득 메웠고, 그녀는 일일이 직접 시험을 주관했다.

다음, 스스로를 추천하는 '자거(自擧)' 제도를 처음으로 열었다. 이 제도가 시행됨으로써 천하의 인재들이 출신을 불문하고 모두 능력을 자랑하며 스스로를 추천했고, 합격하면 바로 채용되었다. 셋째, '무거(武擧)' 제도를 시행하여 유능한 무관을 선발했다. 넷째, '시관(試官)' 제도를 처음 도입하여 관리의 소질을 보증할 수 있도록 했다. 다섯째, 사회 기층까지 사람을 보내 인재를 선발했다. 하층에서 유능한 인재를 발탁하는 데 중점을 둔 조치였다. 여섯째, 제과(制科)를 개설하여 특별한 능력을 가진 인재를 선발했다. 일곱째, 관원들이 유능한 인물을 추천하는 것을 장려했다.

틀에 매이지 않으면서도 체계적인 무측천의 인재 기용 제도는 그녀가 집권하는 동안 조정에 새로운 기운을 불어넣는 원동력으로 작용했다. 새로운 얼굴들이 쉴 새 없이 조정에 공급되었고, 재상 적인걸(狄仁杰) 등과 같은 걸출한 문무 대신들이 출현할 수 있었다.

다음으로 무측천은 **언론 개방이라 말할 수 있는 '광개언로(廣開言路)'의
정책을 효과적으로 구사했다.** 무측천은 결단력 있고 용감한 리더였
다. 재능이 넘쳤을 뿐만 아니라 정치가로서 갖추어야 할 기백도 있
었다. 집정하는 동안 그녀는 주동적으로 언론를 널리 개방하여 각
방면의 전문가로부터 의견을 들었다. 자신의 잘못이 있으면 고치
고, 좋은 것은 선택하여 적용했다. 두 가지 전형적인 사례를 통해
우리는 무측천의 넓은 가슴과 정치가로서의 그릇을 충분히 엿볼
수 있을 것이다.

684년, 이경업(李敬業)이 반란을 일으켰을 때의 일이다. 낙빈왕(駱
賓王)은 이경업을 위해 무측천을 비난하는 지독한 격문을 썼다. 이
를 본 무측천은 속으로는 열불이 났지만 태연하게 그 글을 쓴 사람
이 누구냐고 물었다. 임해승(臨海丞)으로 좌천된 원래 장안의 주부

(主簿) 낙빈왕이라고 누군
가가 보고하자 그녀는 매우
아쉬운 듯 "이는 재상의 과
실이로다! 어찌하여 이렇듯
걸출한 인재가 묻혀 있단
말인가?"라며 혀를 찼다.

다음으로 간관 주경칙(周
敬則)이 그녀에게 글을 올
려 가혹한 법보다는 은혜와
덕을 베풀어 천하 인민들

무측천 시대의 걸출한 인물 적인걸은 무측천이
직접 발탁했던 인재였다(적인걸은 영화의 주인공으
로도 자주 등장한다).

이 걱정 없이 편히 생업에 종사할 수 있게 하라고 충고한 적이 있었다. 표현이야 어찌 되었건 심기를 건드리는 대목이 적지 않았다. 무측천은 그의 의견을 받아들이는 한편 숱한 죄를 지은 혹리 주흥(周興)과 내준신(來俊臣) 등을 잇달아 처형함으로써 조야의 모든 사람들로부터 박수를 받았다. 주경칙은 재상으로 발탁하여 중요한 임무를 맡겼다.

생산 발전에도 무측천은 많은 관심을 기울였다. **농업 발전에 특히 중점**을 두었다. 농업 생산은 국가 경제를 떠받치는 유일한 기둥이었다. 초기 태종 이세민은 성인 남자에게 일정한 땅을 나누어 주고 일정 기간 경작하게 하는 균전제를 통해 농업 발전을 추진했다. 무측천이 집권할 무렵 균전제는 심각하게 파괴되어 있었다. 토호나 사족들의 토지 강탈과 투기가 기승을 부렸고, 그 결과 많은 농민들이 땅을 잃고 도망갔다. 생산 발전은 엄중한 피해를 입었고, 사회는 불안했다.

황제로 즉위한 무측천은 즉각 토지 매매를 금지하는 조치를 취하여 호족들의 토지 강탈을 막았다. 아울러 각종 구체적인 정책을 통해 도망간 농민들을 생산 현장으로 복귀시켰다. 새로이 토지를 나누어주는 조치를 비롯하여 세금을 줄여주는 등과 같은 구체적인 조치였다. 동시에 그녀는 각급 관원들에게 농업을 특별히 중시하라고 강조하면서 농업에 방해되는 모든 활동을 엄격하게 금지시켰다. 그리고 경작지의 증감과 농업에서의 구체적인 실적 등을 가지고 지방관을 조사하고 상벌을 정하는 근거로 삼았다. 무측천 시기에 농업은 빠른 속도로 발전하고 사회는 안정을 찾았다.

대외정책에서는 국토를 온전히 보전하고 국경을 편하게 하는 데 많은 주의를 기울였다. 등극한 지 2년째 되던 해 서주도독이자 명장으로 이름난 당휴경(唐休璟)으로 하여금 토번(吐藩)에게 20년 넘게 침범당한 '안서(安西)의 4개 진'을 수복하여 서부 변경에 대한 근심을 해소하게 했다. 그 뒤로도 여러 차례 토번의 침입을 물리치는 한편 정주(庭州, 지금의 청해성 길목살이吉木薩爾)에 도호부를 두어 안서도호부와 함께 천산 남북을 나누어 관할했다.

군사 방면에서 무측천은 자영 농민으로 병사를 충당하는 이른바 부병제를 계승하는 한편 이를 더 발전시켰다. 군사력 비축에 중점을 두었으며, 장수를 비롯한 군사에 필요한 인재를 기르는 데 각별한 주의를 기울였다. 이에 따라 무측천 시기에 외족을 물리치고 강토를 보전한 걸출한 장수들이 적지 않게 출현했다. 역사서에 등장하는 유명한 적인걸, 정무정, 당휴경, 왕효걸, 곽원진, 흑치상지(백제 출신), 배행검 등이 대표적인 인물들이었다.

705년 무측천은 병으로 세상을 떠났다. 향년 82세였다. 일대를 풍미했던 통 크고 남다른 책략을 소유한 풍운의 여걸은 죽음을 앞두고 또 한 번 놀라운 결단을 내렸다. 주위의 압박이 있긴 했지만 그녀는 유언을 통해 엄숙하게 자신의 황제 칭호를 떼 내고 '측천대성황후(則天大聖皇后)'로 부르게 하라고 선포했다. 지고무상한 황제로서가 아닌 황후의 신분으로 되돌아갔다. 황제로 남을 경우 역사가 자신을 어떻게 평가할지 그것이 무엇보다 두려웠다.

역사 기록에 의하면 무측천이 죽기 전날 대신들은 뒷일을 준비하느라 분주했는데 무엇보다 비문을 놓고 한바탕 난리가 났다. 그녀에 대한 평가가 쟁점이었다. 칭송하자는 신하들, 공과를 동시에 기록해야 한다는 신하들, 찬탈의 죄를 물어야 한다는 신하들……. 논쟁은 식을 줄 몰랐고, 끝이 날 것 같지 않았다.

무측천의 심경은 착잡했다. 죽음의 그림자를 붙들고 한참 동안 생각에 잠겼던 그녀는 **비석은 세우되 내용은 기록하지** 말라고 했다. 후대의 평가에 맡기자는 뜻이었다. 이렇게 해서 **그녀의 비석은 '무자비**(無字碑)'**로 남았다**. 죽는 순간까지도 참으로 냉정하게 상황을 판단했던 사람이었다.

역사상 수많은 제왕과 장상들이 죽기 전 자신의 공적을 잊지 못해 비석에다 자기 일생과 공을 새겨 세우도록 했다. 그러나 무측천은 글자가 없는 무자비를 세우라고 했다. 이것이야말로 그녀가 참으로 비범한 정치가임을 잘 보여준다. 자신에 대한 평가를 역사에 미룬 그 담대함이란!

철완의 여황제로서 강력한 카리스마와 통치력을 발

무측천의 무덤인 건릉 앞에 서 있는 '무자비'(훗날 비문을 새겼다).

208

휘하며 무소불위(無所不爲)의 권력을 휘둘렀던 그녀였지만 자기 당대도 아닌 후대의 역사적 평가만큼은 두려웠다. 그녀는 역사적 평가가 어떤 의미를 갖는지 너무나 잘 알았다. 아무리 막강했던 권력도, 아무리 어리석은 통치자라도 역사 위에 군림할 수 없다는 진리(眞理), 즉 '역사의 뒤끝'을 제대로 인식하고 있었기 때문이다.

역사는 그 자체로 뒷끝이다

청나라 건륭 연간(1736~1795년)에 장원급제한 항주 출신의 한 젊은이가 송나라 때의 명장 악비(岳飛, 1103~1142)의 무덤인 악왕묘(岳王墓)를 찾아 다음과 같은 시를 남겼다.

사람들은 송나라 이후부터 회(檜)라는 이름을 부끄러워했고,
나는 지금 그 무덤 앞에서 진(秦)이라는 성에 참담해하는구나.

1142년 명장 악비가 풍파정(風波亭)에서 아들 악운(岳雲)과 함께 억울하게 처형당하고도 무려 600년이 넘어 지난 청나라 때 장원급제한 젊은이가 어째서 악비의 무덤을 찾아 이런 시를 읊었을까? 이 젊은이는 다름 아닌 그 당시 악비를 모함해 죽이는 데 맨 앞장을 섰던 간신 진회(秦檜)의 후손 진간천(秦澗泉)이었다. 진간천은 악비 무덤 앞에 무릎을 꿇고 있는 송나라 때의 거물급 간신이자 자신의

조상인 진회의 부부상을 보며 치밀어 오르는 수치심과 감정을 참지 못하고 이런 글로 자신의 참담한 심경을 나타냈던 것이다.

역사는 그 자체로 뒤끝이다. 충신 악비는 억울하게 처형당했고, 간신 진회는 부귀영화를 누리다 잘 죽었지만 역사는 진회의 죄상을 잊지 않고 있다가 결국은 그 부부의 철상을 만들어 악비의 무덤 앞에다 무릎을 꿇려 놓았다. 영원히 그 자리에서 악비에 사죄하고, 역사에 사죄하고, 민중에 사죄하라는 준엄한 역사의 처벌인 셈이다. 이처럼 역사의 법정에는 공소시효란 있을 수 없다.

그 당시 소흥(紹興) 3년(1133), 악비는 대군을 이끌고 빼앗긴 땅과 성을 차례로 수복하여 금나라의 간담을 서늘하게 만들었다. 특히 주선진(朱仙鎭)전투에서 대승함으로써 금나라의 사기는 크게 떨어

악비의 등에다 '정충보국(精忠報國)'이란 네 글자를 바늘로 새기고 있는 악비의 어머니.

졌고, 부장마저도 악가군(岳家軍)의 칼날 아래 쓰러졌다. 금나라의 장수 금올술(金兀術)은 싸울 의욕을 잃고 그저 안전하게 북방으로 돌아갔으면 하는 마음뿐이었다. 악비는 "자, 여러분들과 함께 통쾌하게 마시리라!"며 곧장 금나라 수도 황룡부(黃龍府)

로 돌진하리라 맹세했다. 당시 백성들도 스스로 무기와 식량 따위를 챙겨 "산을 흔들 수는 있어도 악가군을 흔들 수 없다!"는 함성과 함께 너나없이 악가군을 따라 참전했다.

그러나 진회는 금나라 군대가 무너지면 지금까지 다져온 자신의 권력 기반에 영향을 미치지 않을까 두려웠다. 또 금나라에 잡혀 간 휘종(徽宗)과 흠종(欽宗)이 정말로 되돌아오는 날에는 천신만고 끝에 앉힌 황제 고종(高宗)의 총애가 달아날까 두려웠고, 무엇보다 악비가 자신의 '명성'과 지위를 뛰어넘을까 겁이 났다. 진회는 고종을 종용했다. 황제 자리를 다시 내놓는 것이 싫었던 못난 고종은 비상사태 때나 내리는 12도(道) 금패(金牌)까지 발동하여 악비의 회군을 재촉했다. 10년 공들여 쌓은 탑이 하루아침에 무너졌다.

악가군이 회군한다는 소식은 발 없는 말이 천 리를 가듯 순식간에 퍼져나갔다. 이 소식을 들은 백성들은 남녀노소 가릴 것 없이 뛰쳐나와 악가군의 회군을 막고 나섰다. 백성들은 악비의 말을 붙들고 실성한 목소리로 통곡했다.

"우리들이 식량을 나르며 악가군을 맞이한 것을 금나라 도적들이 낱낱이 알고 있습니다. 한데 지금 장군께서 떠나시면 우리는 어쩌란 말입니까?"

악비는 눈물만 철철 흘릴 뿐 아무 말도 하지 않았다. 악비는 회군하자마자 병권을 박탈당했다.

진회는 그 정도로 만족하지 않았다. 또다시 이런 위기가 닥칠까 봐 악비에게 '막수유(莫須有)' 즉, '혹 있을지도 모르는'(날조한) 모반죄를 씌워 처형했다. 이때 악비의 나이 서른아홉이었다.

고종이 금나라 군대를 맞이하여 승승장구하던 악비의 군대를 철수시킨 일을 두고 많은 사람들이 의문을 품었다. 이는 고종이 타고난 매국노였기 때문이 아니라 악비가 정말로 금의 군대를 꺾고 포로로 잡혀간 휘종과 흠종을 구해올까 겁이 났기 때문이다. 그렇게되는 날에는 자신의 황제 자리가 위험했던 것이다. 악비가 무고하게 모함을 받아 죽은 까닭이 바로 여기에 있었다. 간신 진회와 고종의 사사로운 이해관계가 딱 맞아떨어졌다. 간신은 자신의 이익을 위해 심지어 나라까지 파는 존재라는 사실을 진회를 통해 똑똑히 목격하게 된다.

혹자는 악비의 '충(忠)'에 이의를 제기하며, 그의 충성은 어리석은 충성이었다고 한다. 그가 송나라 군대의 전력도 생각하지 않고 강경 대응만을 고집하는 바람에 송나라 백성들이 크게 희생되었다는 이유에서이다. 그러나 민중들은 여전히 끊임없이 악비를 칭송하며 일부 사학자의 말은 거들떠보지 않는다.

왜? 그 원인은 악비의 '정충보국(精忠報國)'의 '충'이 결코 단순히 조정과 황제에 대한 충성이 아니라 자기 조국과 민중에 대한 충성이었기 때문이다. 민중들은 반문한다. 악비가 싸우지 않고 금나라에 굴복했더라면 백성들의 삶이 나아졌을까? 금나라가 송나라 백성들을 자기 백성들처럼 돌보아 주었을까?

212

악비의 '충'은 역사가 평가했고, 민중에게 인정받았다. 당시 강산은 무너지고, 민중은 끊이지 않는 전란 속에서 살 곳을 잃고 이리저리 헤매었다. 비바람 속에서 생계조차 꾸리기 힘들었다. 그들은 조국이 하루빨리 회복되어 포근한 집으로 돌아가기를 간절히 원했다. 더 이상 외적의 침략에 유린당하지 않기를 두 손 모아 기도했다. 그렇기 때문에 악가군이 가는 곳에는 시키지 않아도 사람들이 알아서 조직을 만들어 양식과 각종 물품을 모아 악가군을 맞이했던 것이다.

진회는 고종의 강화노선에 충실했다. 그런데 왜 '죽어 썩어서도 세상의 비난이 그치지 않는가?' 그는 자신의 이익과 고종이라는 군주 개인의 이익만을 지키기 위해 수많은 백성의 삶은 아랑곳하지 않았기 때문이다. 역사와 민중은 영원히, 그리고 단호하게 그를 천고의 간신이자 만세의 죄인으로 단정했다.

풍파정에서 악비는 고종과 진회의 교활한 웃음을 뒤로 한 채 고독하게 죽었다. 하지만 역

악비의 무덤 앞에 무릎을 꿇고 역사와 민중에 영원히 사죄하고 있는 간신 진회의 철상.

사는 그의 죽음을 또렷이 기억했다가 단호한 심판을 내렸다. 민중은 진회를 비롯한 네 명의 매국노들의 형상을 쇠로 만들어 악비 장군의 무덤 앞에 무릎을 꿇리고는 영원히 사죄하게 했다. 나라를 팔고 의로운 사람들을 해친 간신 매국노들을 향한 준엄한 경고였다. 진간천이 무려 600년이나 지났음에도 진회라는 조상을 수치스럽게 생각하며 악비 무덤 앞에서 참회의 시를 남긴 것도 역사의 심판이 얼마나 무서운가를 너무 잘 알았기 때문이다.

오늘날 역사의 평가와 심판은 먼 훗날의 일이 아니다. 당장 평가와 심판이 따르는 시대다. 그 평가와 심판은 영원히 기억으로 남는다. 진간천이 무려 600년 넘어 지난 시점에서 진회라는 자기 조상을 부끄러워하며 참담한 심경으로 글을 남겨 참회한 사실을 기억하라. 진간천은 그렇게 처절하게 반성했기에 그 자신은 그나마 역사의 면죄부를 얻을 수 있었다.

12

'사필소세'
(史筆昭世)

역사가의 붓이 세상을 밝힌다

모두가 역사를 쓰는 시대가 되었다. 쓰기만 하는 것이 아니라 말을 녹음하고 언행을 촬영한다. 이제 역사는 기록이 아니라 집단지성의 집단기억이 되었다. 삼라만상을 담고 있는 보이지 않는 공간에서 헤아릴 수 없이 많은 사람이 매 순간 동시에 역사를 기록하고 녹음하고 녹화한다. 역사는 이제 한 사람이나 몇몇 역사가의 전유물이 아니다. 엄청난 기록, 말, 행동이 무한대로 저장되고, 필요할 때면 즉각 소환되어 나와 평가와 심판의 자료가 된다.

집단지성은 인간의 언행에서 어긋나거나 잘못한 것이 있으면 집단기억을 동원하여 저장된 역사 자료(기록, 말, 행동)를 끄집어내서 증거로 들이댄다. 집단기억이 완전무결할 수는 없겠지만 복잡하지 않은 일과 사건에 대한 판단은 문제가 제기되는 순간 바로바로 판단과 심판을 내리는 그런 시대를 우리는 살고 있다. 과거 역사가의 붓이 세상과 인간의 올바른 방향을 밝혔듯이 이제 집단지성은 그 자체로 역사이자 역사가가 되어 인류의 앞길을 밝힐 수 있게 되었다. 어쩌면 과거 소수의 역사가들이 짊어졌던 책임감보다 더 엄중한 책임감을 다 함께 짊어져야 할 것이다. 역사의 중요성과 역사공부의 필요성, 역사평가의 삼엄함이 더 심각해진 시대이다.

동호직필(董狐直筆)

춘추시대 산서성 지역에 위치했던 진(晉)나라의 문공(文公)은 19

년 망명 생활 끝에 최고 통치자 자리에 오른 입지전적인 인물이었다. 19년 동안 그의 망명 생활을 수행했던 수행 공신들 중 조최(趙衰)는 이후 진나라의 군대를 이끌며 조씨 집안을 명문가로 키웠다.

조최의 아들 조돈(趙盾, 기원전 655~기원전 601)도 진나라 공실의 실력자로 성장하여 영공(靈公)의 즉위를 실질적으로 주도했다. 그러나 영공은 통치자로서의 자질이 떨어졌다. 기원전 607년을 전후로 자신의 사치스러운 생활을 위해 백성에게 세금을 무겁게 물리기 시작했다. 궁궐 담장을 화려한 그림으로 장식하고, 틈만 나면 궁궐 성 위에 올라가 성 아래를 오가는 사람들에게 탄환을 쏘아대는 놀이를 즐겼다. 영공은 사람들이 놀라서 탄환을 피하려고 이리저리 우왕좌왕하는 모습을 보며 즐거워 어쩔 줄 몰라 했다.

한번은 궁중 요리사가 곰 발바닥을 덜 익혀서 내자 영공은 화가 나서 요리사를 죽이고 그 부인에게 시체를 들고 궁궐 뜰 앞을 지나 내다 버리게 했다. 조돈과 사회(士會) 등 중신들이 거듭 충고했으나 영공은 듣지 않았다. 오히려 조돈의 충고를 잔소리로 받아들여 자객을 시켜 조돈을 죽이려 했다. 자객은 충성스러운 조돈의 모습을 보고는 "충신을 죽이는 것과 국군의 명을 어기는 것, 모두 같은 죄로구나!"라고 탄식하며 나무에 머리를 부딪쳐 자결했다.

영공은 조돈을 죽이려는 시도를 멈추지 않았다. 심지어는 사자보다 사납다는 '아오'라는 개를 궁중에 매복시켰다가 조돈을 물어 죽이려고까지 했다. 조돈은 자신이 은혜를 베풀었던 제미명(提彌明)의 도움으로 간신히 목숨을 건졌지만 영공은 군사들을 시켜 조돈을 잡아들이게 했다. 조돈은 하는 수 없이 망명길에 올랐다. 지난 날 아버지 조최에 이어 2대에 걸친 망명이었다.

조돈이 진나라 국경을 벗어날 즈음 조돈의 동생인 조천(趙穿)이 복숭아밭에서 영공을 습격하여 죽이고 조돈을 다시 불러들였다. 조돈이 평소 존경을 받고 민심을 얻은 반면, 영공은 젊은 나이에 방탕하고 난폭하여 백성이 따르지 않았기 때문에 시해하기 수월했 다. 조돈은 자리에 복귀했다.

그런데 진나라의 기록을 담당하고 있는 태사(太史) 동호(董狐)는 서슴없이 "조돈이 그 국군을 시해했다."라고 기록하고는 조정에서 이를 대놓고 조돈에게 보여주었다. 조돈은 "시해한 사람은 조천이 고 나는 죄가 없다."라고 항변하자 태사는 단호하게 반박했다.

"그대는 정경의 신분으로 도망쳤으나 국경을 벗어나지 않았고, 돌아와서도 나라를 어지럽힌 자를 죽이지 않았으니 그대가 아니면 누구란 말이오!"

조돈을 물어 죽이려고 '아오'라는 개를 풀어 놓은 장면을 묘사한 한나라 때의 벽돌 그림.

사관 동호는 임금을 죽인 주범으로 조천이 아닌 조돈을 지목했다. 국경을 넘지 않은 상황에서 동생 조천이 영공을 시해했으니 이에 대한 책임은 국정을 실질적으로 이끌고 있던 조돈에게 있다고 본 것이다. 게다가 조정으로 돌아와 권력을 다시 장악한 다음에도 임금 시해에 대한 책임자를 처벌하지 않았으니 스스로 시해의 주범임을 인정한 것 아니냐는 날카로운 추궁이었다. 조돈은 반박하지 못했다.

훗날 공자(孔子)는 이 일을 두고 "동호는 옛날의 훌륭한 사관으로 죄를 숨기지 않는다는 기록의 원칙을 지켰고, 조선자(趙宣子, 조돈)는 훌륭한 대부로서 원칙을 지키다가 오명을 썼다. 안타깝구나, 국경을 벗어났더라면 오명을 면했을 터인데!"라고 했다.

공자는 권력자의 행적을 있는 그대로 기록했을 뿐만 아니라 그 행적의 주체를 정확하게 지목하여 그 죄를 숨기지 않았던 사관 동호의 자세를 칭찬했다.

또 송나라 때의 애국 충신 문천상(文天祥)은 제나라의 태사와 함께 "제나라에는 태사의 죽간이 있고, 진나라에는 동호의

'동호직필'을 나타내고 있는 《동주열국지》의 삽화.

붓이 있구나!"라는 시를 남겨 사관의 직필 정신을 높이 평가했다.

사실 춘추 후기로 넘어가는 당시는 나라의 실권을 장악하고 있던 권신들이 임금을 죽이는 일이 빈번했고, 동호처럼 엄격한 예법에 따라 있는 그대로를 기록하는 서사(書史)의 원칙은 일찌감치 붕괴된 상태였다. 그렇기 때문에 동호의 용기는 더욱 빛을 발했다. 여기서 정직한 사관의 붓이란 뜻을 가진 '동호필(董狐筆)'이란 단어와 '동호의 곧은 붓' 또는 '동호가 정직하게 기록하다'는 뜻의 '동호직필(董狐直筆)'이라는 고사성어가 탄생했다.

동호의 직필 정신은 그 뒤 역사 기술의 모범으로 전해졌고, 정직한 사관이라면 반드시 갖추어야 할 가장 고상한 사덕(史德)으로 정착했다.

최저(崔杼)의 국군 시해와 사관 형제의 직필

기원전 6세기 초반에서 중반에 이르기까지 제(齊)나라의 영공(靈公)과 장공(莊公) 때 제나라 조정의 실세는 최저였다. 최저는 자신의 손으로 옹립한 장공이 자신의 후처인 당강(棠姜)과 간통을 일삼자 기원전 548년 난을 일으켜 장공을 시해했다. 최저는 장공의 측근들까지 대거 제거한 다음 공자 저구(杵臼)를 모셔와 옹립하니 이가 경공(景公)이다.

경공이 즉위하면서 최저는 스스로 우상이 되고, 공모자인 경봉(慶封)을 좌상에 앉혀 경공 초기 제나라의 실권자로 행세했다. 이때 제나라의 기록을 담당하고 있는 사관 태사(太史) 백(伯, 태사 가문의 장남)이 "5월 을해일에 최저가 주군 광(光, 장공)을 시해했다."라고 직필했다. 최저는 불문곡직(不問曲直) 태사 백을 죽였다. 그러자 그 동생 중(仲)이 형을 이어 똑같이 최저가 장공을 시해했다고 썼다. 최저는 중도 죽였다. 그 동생 숙(叔)도 두 형을 이어 최저가 장공을 시해했다고 직필했고, 최저는 숙도 죽였다. 그랬더니 막냇동생인 계(季)까지 나서 죽음을 불사하면서 형들처럼 직필했다.

당초 최저는 태사 집안의 막냇동생에게 장공이 갑작스러운 병으로 죽었다고 기록할 것을 요구했다. 최저는 태사를 협박하기도 하고 달래기도 했지만 태사는 "사실에 근거하여 정직하게 기록하는 것은 사관의 직책이오. 목숨 때문에 사관의 일을 저버리는 것은 죽는 것만 못하오. 당신이 저지른 일은 이르건 늦건 언젠가는 다들 알게 될 것이니 설사 내가 쓰지 않는다 해도 당신의 죄와 책임은 덮을 수 없는 일이오. 이를 덮으려 하는 것은 천하의 웃음거리만 될 뿐이오."라는 말로 통렬하게 쏘아붙였다.

태사의 직필로 그 죄상이 남김없이 사서에 기록된 최저.

최저는 사관들의 붓이 이토록 날카롭고 무서운 것이냐며 차마 계까지는 죽이지 못했다. 이렇게 해서 역사서에 최저가 장공을 시해했다는 사실이 남게 되었다.

한편 태사 형제들이 최저의 죄상을 직필하다가 죽었다는 소식을 들은 남사씨(南史氏, 이 사람도 사관이었을 것으로 추정한다)는 죽간을 들고 제나라 도성으로 달려왔다. 그러다 태사 집안의 막내가 죽지 않았다는 소식을 듣고는 발걸음을 돌렸다고 한다. 남사씨는 태사 집안의 형제들이 모두 죽었다면 자신이 나서 직필할 생각으로 죽간을 들고 제나라 도성으로 달려오던 길이었다.

그로부터 불과 2년 뒤인 기원전 546년에 최저 집안에서는 전처의 자식들인 성(成), 강(彊)과 당강(棠姜) 소생의 명(明) 사이에 종주권과 봉지를 놓고 분란이 일어났다. 최저와 함께 장공을 시해하는데 가담했던 경봉이 이 틈을 타서 최저 가문을 멸문시켰다. 최저는 자신의 운명을 한탄하면서 스스로 목숨을 끊었다.

최저는 정변을 통해 임금을 시해하고 권력을 장악한 역신이었다. 그의 권력이 공실의 권력을 압도하고 있던 상황이었기 때문에 그에게 맞설 세력이나 사람은 없었다. 그런데 **사관 집안의 형제들이 이에 맞서 단호히 최저가 장공을 시해했다고 기록함으로써 최저의 죄상이 역사에 길이 남게 되었다.**

춘추필법(春秋筆法)

동양의 훌륭한 역사 서술의 기본자세이자 정신으로 춘추필법이 있다. 공자가 편찬하고 정리한 《춘추(春秋)》에서 그 선구적 형식을 찾을 수 있다. 공자는 과거를 거울삼아 기강이 무너진 천하를 바로잡아야겠다는 취지로 《춘추》를 집필했다.

집필 원칙으로 사건을 기록하는 기사(記事), 직분을 바로잡는 정명(正名), 칭찬과 비난을 엄격히 하는 포폄(褒貶)을 제시하고, 오직 객관적인 사실에 입각하여 자신의 판단에 따라 집필하였다. 누구도 이 원칙을 벗어나 예외가 될 수는 없었다. 이렇게 해서 편년체(編年體) 역사서의 효시인 《춘추》가 탄생했고, 대의명분을 따라 객관적 사실에 입각하여 엄정하게 기록하는 태도 내지 집필 정신을 '춘추필법'으로 부르기에 이르렀다.

공자의 《춘추》에는 주나라 천자에 대한 예우 차원에서 사실과 다른 기록들이 없는 것은 아니지만 위에서 우리가 살펴본 동호나 제 태사의 엄정한 직필 정신을 제대로 계승하여

공자가 정리한 《춘추》에 대한 주석서인 공영달(孔穎達)의 《춘추정의(春秋正義)》 판본.

후대 역사 서술의 원칙이자 정신을 수립했다. 특히 공자는 당시 군주를 시해하고 힘을 바탕으로 역사적 사실을 왜곡하려는 최저 등과 같은 난신적자(亂臣賊子)들의 행위에 대해서는 가차 없이 직필함으로써 권력에 굴하지 않는 역사가의 굳센 절개를 유감없이 보여주었다.

공자는 자신이 쓰고 정리한 《춘추》에 대해 " (훗날) 나를 알아준다면 그것은 《춘추》때문일 것이고, 나를 비난한다면 그것도 《춘추》때문일 것이다."라는 말로 강한 자부심을 나타냈다. 공자는 자신이 《춘추》를 남김으로써 천자를 대신하여 난신적자들을 혼낸 것은 사실이지만 이것이 또한 천자의 권위를 해친 것이라는 술회이다.

그러나 자신의 직필에 대한 강한 자부심은 분명하게 드러나 있다. 유가에서는 공자가 《춘추》를 지어 '무관의 제왕'과 같은 업적을 이룩했다고 칭송한다. 붓 하나로 충신과 효자를 칭송하고 난신적자를 토벌하여 대의를 밝히고 질서를 엄정하게 바로잡았다는 것을 높게 평가했기 때문이다.

사필소세(史筆昭世)

섬서성 한성시(韓城市)는 역사학의 성인, 즉 사성(史聖)으로 추앙받고 있는 태사공(太史公) 사마천(司馬遷, 기원전 145~기원전 약 90)의 고향이다. 이곳에 사마천의 사당과 무덤이 남아 있다. 사당과 무덤

사마천 사당과 무덤으로 오르는 길을 비추고 있는 '사필소세' 현판.

으로 오르다 보면 가파른 계단 끝에 만나게 되는 산문의 현판 하나
가 늘 사람들의 눈길을 붙잡는다. '사필소세', '역사가의 붓이 세상을 밝
힌다'는 뜻이다.

  사마천은 이릉(李陵)이라는 젊은 장수를 변호하다가 황제의 심기
를 건드려 괘씸죄에 걸렸다. 그는 옥에 갇혔고, 일이 틀어져 반역
자의 편을 들었다는 죄목을 쓰고 사형을 선고받았다. 사마천의 나
이 47세였다. 40세가 지나면서 필생의 과업이었던 역사서를 집필
하던 중이었다. 날벼락을 맞은 충격 속에서 사마천은 역사서를 완
성하기 위해 살아남기로 결심했다. 당시 사형수가 죽음을 면하는
길은 두 가지였다. 하나는 돈을 내는 것이었고, 하나는 성기를 자
르고 환관이 되는 것이었다.

돈도 없고 누구 하나 나서 자신을 변호하려 하지 않는 상황이었다. 사마천은 인간의 본질에 대해 깊게 성찰했다. 냉랭한 세태와 인심, 그리고 그 뒤에 음침하게 웅크리고 있는 잔인한 권력의 속성을 확인했다.

그는 지금까지 가졌던 자신의 관점을 완전히 수정했다. 먼저 역사를 움직이는 주체에 대해 의문을 품었다. 그 결과 사마천은 역사를 움직이는 거대한 힘은 수많은 보통 사람들에게서 나온다는 엄연한 사실을 자각하기에 이르렀다. 그는 이런 자신의 역사관을 온전히 담고 있는 역사서를 반드시 남겨야 할 필요성을 더더욱 절감했다. 48세 때 그는 자신의 성기를 자르는 궁형을 자청했다. 살아남을 확률 20%도 안 되는 목숨을 건 처절한 도박이었다. 인류 역사상 가장 위대한 역사서로 평가 받는 《사기》는 이런 치욕과 고난 속에서 탄생했다.

사마천은 자신이 역사서를 집필하게 된 동기와 목적에 대해 "하늘과 인간의 관계를 탐구하고(구천인지제究天人之際), 과거와 현재의 변화를 관통하여(통고금지변通古今之變) 일가의 말씀을 이루고자 했다(성일가지언成一家之言)."라고 했다.

그러면서 누구든 자신의 뜻을 바꾸지 않고 평생 지조를 지켜온 사람이라면 누구든 역사의 주인공이 될 수 있다고 단언했고, 그런 사람들을 역사의 주인공으로 등장시켰다. 중국 역사상 최초의 농민 봉기군 수령 진승(陳勝)의 입을 통해 사마천은 "왕과 제후, 장수와 재상의 씨가 따로 있더란 말이냐(왕후장상영유종호王侯將相寧有種

乎)!"고 외쳤다.

사마천은 이런 진보적 역사관을 수많은 보통 사람들의 행적 곳곳에 반영하여 무미건조한 사건과 사실의 나열이 아닌 살아 움직이는 인간의 행적을 집요하게 통찰함으로써 사실 이면에 잠겨 있거나 숨어 있는 진실을 찾아내려 했다. 이는 직필의 차원을 넘어선 역사학의 경지를 단숨에 끌어올린 쾌거였다.

사마천은 역사의 기능과 역할에 대해 "지난 일을 기술하여 다가올 미래를 생각한다(술왕사述往史, 사래자思來者)."라고 했으며, 또 "지난 일을 잊지 않는 것은 뒷일의 스승이 된다(전사지불망前事之不忘, 후사지사야後事之師也)."라고도 했다. 특히 뒤의 구절은 일제의 만행을 적나라하게 보여주고 있는 난징대도살기념관의 현판에 적힌 글귀이기도 하다.

역사가의 자세와 정신을 새삼스럽게 생각하게 만드는 사마천.

사마천의 이러한 인식에 이르러 역사는 현재의 시점에서 지난 과거를 기술하는 행위이지만 그 행위에는 역사가의 직필 자세와 사물과 인간의 본질을 꿰뚫는 통찰력, 그리고 진실을 추구하는 불굴의 정신이 개입됨으로써 미래를 예견하는 힘을 얻게 되었다. 아울러 수천 년 인간사를 통해 과거를 잊지 않고 성찰하면 미래를 바르게 대비할 수 있는 스승과도 같은 역할을 할 수 있다는 점도 분명하게 지적했다.

권력과 탐욕에 무릎을 꿇은 사관들

권력 찬탈의 주동자를 정확하게 직시했던 동호의 직필, 죽음도 불사했던 제나라 태사 형제들의 사필, 대의명분과 포폄을 분명히 했던 공자의 춘추필법은 서양에서는 찾아보기 힘든 역사 정신들이다. 우리 역사 속 사관들도 이와 다르지 않았다.

말을 타다 실수로 떨어진 왕(태종)이 곁에 있던 사관에게 이번 일은 실수이니 기록하지 말라고 하자, 자신에게 그 사실을 기록하지 말라고 했다는 사실까지 기록했다는 사관의 일화는 우리 역사 기술의 정신이 얼마나 엄정했는가를 단적으로 보여주고 있다.

지금 우리 사회의 현대판 사관과 언론이 심각한 선택의 기로에서 갈피를 못 잡고 있다. 권력에 굴종하여 역사를 멋대로 개조하겠다고 나선 무모하고 무지한 사관들을 비롯하여, 자신의 중심을 잡지 못하고 우왕좌왕하는 방송들, 이리저리 눈알만 굴리면서 상황의 추이를 엿보는 기회주의자 지식인들, 자신들의 정체를 감춘 채 권력에 봉사하겠다고 자원하는 것은 물론 사리사욕을 위해 사실은 커녕 사실조차 왜곡하고 가짜 뉴스를 양산하는 기레기 등등…….
온갖 추태를 원 없이 목격하고 있다. 일찍이 사관과 언론의 명예와 위상이 이렇게까지 추락한 적이 있을까 싶다.

사관 정신은 쇠퇴한 지 오래다. 언론의 직필 정신도 실종 상태다. 사관의 역할 또한 전통 사회와는 완전히 달라졌다. 지금은 모든 사람이 역사를 기록한다. 역사를 전문적으로 기록하는 사관과 언론들마저 수많은 사람들에 의해 기록당하고, 그럴 수밖에 없는 세상이 되었다. 역사의 평가는 '관의 뚜껑이 닫힌 뒤' 내리는 훗날의 일이 아니다. 지금 당장 평가가 내려지고, 비판이 가해지고, 비방이 쏟아진다. 인신공격은 기본이고 가족과 자기 주변 사람에게까지 피해가 간다. 이를 그저 몰상식한 사람들의 추태로만 몰아붙일 수 없는 세상이 되었다. 그만큼 한 인간의 언행이 환하게 드러나는 세상에 살기 때문이다. **역사가의 붓이 세상을 환하게 밝히는 것이 아니라, 지금은 수많은 보통 사람들의 눈과 귀, 그리고 손가락이 매 순간 세상을 구석구석 남김없이 밝힌다.**

역사의 평가가 과거보다 훨씬 더 무서운 세상이다. 직필은 물론 직설(直說) 내지 직설(直舌)까지 그 평가에 가세하고 있기 때문이다. 그만큼 처신이 어렵다는 말이다. 사관과 언론의 붓이 문제가 아니라 그 자신들의 언행이 문제가 되어 버렸다. 정신을 버렸기 때문에 말이 많아지고 행동이 삐뚤어진 것이다.

생각해보라. 엄정한 사관으로서 직필의 자세를 지켰던 춘추시대 동호나 제나라 태사 형제들이나 공자나 사마천이 이 시대를 산다면 10년 전 역사 교과서 국정화 시도와 최근 언론이 보여주고 있는 편파, 왜곡, 거짓 보도에 대해 뭐라고 했을까? 그리고 또 그 일에 앞장선 사람들은 어떻게 평가했을까? 역사가와 언론인들의 붓이 역사의 평가라는 저울에 올라앉은 웃지도 울지도 못할 상황이 우리 사회에서 펼쳐지고 있다.

어느 쪽이나 비극이고 비참함이다. 하루라도 빨리 붓을 꺾거나 본연의 자세와 정신으로 돌아가야만 역사적 평가의 가혹함을 조금이나마 덜 것이다. 숱한 역사적 사실이 이를 생생하게 보여주고 있고, 그 사실 뒤에 숨어 있는 진실도 환하게 드러나 있기 때문이다.

13

'혼용(昏庸)'과 '무도(無道)'의 통치

나라 망치기로는
혼군 하나면 충분하다

국민이 주인이고, 국민이 지도자를 뽑는 시대이다. 그럼에도 다수의 의지로 뽑힌 지도자의 자질이 일쑤 문제가 되고 있다. 다수의 선택과 의지가 늘 결코 옳을 수 없다는 엄연한 현실이다. 다수의 의지가 반영되어 선택된 지도자의 자질이 심각한 문제로 떠오르는데는 그 지도자에게 부여된 권력이 대단히 크기 때문이다. 자질 부족의 권력자가 엄청난 권력을 마구 휘두르면 국민이 힘들고 나라가 골병이 든다.

이런 점에서 과거 왕조체제의 절대 권력자의 자질에 대한 백성의 요망과 오늘날 지도자의 자질에 대한 요구 사이에는 본질적으로 차이가 없다. 과거나 지금이나 '나라를 망치는 데는 어리석은 권력자 하나면 충분하다'는 명제 또한 여전히 유효하다. 역사상 나라를 망친 권력자들의 행태와 지금 나라를 망치고 있는 권력자의 행태는 하나 다를 것 없이 판박이다. 이 또한 '역사의 데자뷔'다. 지금 우리는 이런 심각하고 침중하고 침울한 역사의 교훈 앞에 서 있다. 그리고 곧 또 한 번의 선택이 싸늘한 얼굴로 우리를 기다리고 있다.

2015년 '통치와 통치자의 자화상'

2015년, 한국을 대표하는 지성인(?), 소위 대학교수들이 연말이면 연례행사처럼 발표하는 '올해의 사자성어'로 '혼용무도(昏庸無道)'가 선정되었다. 2015년은 박근혜 정권 3년 차였다. 그런데 이 해의 사자성어는 '혼용'과 '무도'가 합쳐진 합성어이자 출처가 없는 신조어였다. '혼용'은 말 그대로 '어리석다'는 뜻인데, 좀 더 구체적으로는 '두뇌가 모자라고, 어떤 재능도 없는' 상태나 사람을 가리킨다. '무도'는 글자 대로라면 '도가 없다'는 뜻인데, 대개는 '대역무도(大逆無道)'나 '황음무도(荒淫無道)'라는 네 글자를 많이 쓴다('대역무도'는 순리나 상식을 멋대로 거스르는 짓이나 그런 자를 가리키며, '황음무도'는 음탕하기 짝이 없다는 뜻이다).

'무도'는 덕을 베풀지 않는 포악한 정치, 그로 인해 조성된 암울하고 혼란한 정치 상황, 그런 정치를 일삼는 통치자를 나타내는 단어로 수천 년 동안 수없이 사용되어왔다.

이렇듯 아주 부정적인 두 단어가 합쳐졌으니 그 자체로 대단히 충격적이었다. 혹자는 지난 15년 동안 발표된 〈교수신문〉 올해의 사자성어들 중 가장 강력하다는 촌평까지 내놓았다(그로부터 불과 얼마 뒤 박근혜 정권의 추악한 면모가 드러났고, 촛불혁명으로 사상초유의 대통령 탄핵이 이루어졌다).

'혼용'은 비교적 후대에 등장한 단어다. 송나라 때의 문학가인 소동파(蘇東坡, 1037~1101)가 〈사자대부(思子台賦)〉라는 작품에서 어리석고 멍청하다는 뜻으로 사용한 사례가 확인되고, 그 뒤 몇몇 문인들이 비슷한 뜻으로 사용했다. 소동파와 같은 송나라 때 사람인 왕명청(王明淸, 1127~?)은 《옥조신지(玉照新志)》(권1)에서 사회의 정치가 암울하다는 뜻으로 '혼용'을 사용한 바 있다.

한편, '무도'의 출전은 《논어(論語)》〈계씨(季氏)〉 편을 비롯하여 《한비자(韓非子)》, 《사기(史記)》 등 여러 곳에서 찾아볼 수 있는데,

뜻하는 바는 약간씩 차이가 난다. 사회와 정치의 분란을 가리키는 경우, 바른길을 걷지 않는 경우, 보편적 상식과 정리를 벗어나는 것을 두루 가리키는 경우, 정도를 걷지 않고 나쁜 짓을 일삼는 사람과 폭군을 가리키는 경우, 할 말이 없다는 뜻, 방법이 없다는 뜻 등 다양한 편이다. 특히《사기》〈진섭세가〉에는 '벌무도(伐無道)'라 하여 포악한 군주를 토벌한다는 뜻으로 사용되고 있다.

아무튼 2015년 당시의 상황을 대변하는 가장 대표적인 단어로 '혼용무도'가 선정되었다는 사실 자체만으로도 충격적이었다. 그만큼 당시 상황이 엉망이라는 지적이었다. 특히, 통치자에게 붙일 수 있는 최악의 수식어가, 그것도 합성이라는 부자연스러운 방식을 통해 선정되었을 정도로 심각했다(당시 필자는 '혼용무도'한 통치자와 그 것을 바로잡기는커녕 부추긴 측근들의 행태에 대한 철저한 비판과 추상같은 책임 추궁이 따르지 않는 한 이런 상황이 더욱 악화될 것이라는 암울한 예측을 한 바 있고, 이 예측이 불행하게도 지금 또 고스란히 현실이 되어 나타나고 있다).

이에 역사상 '혼용무도'한 통치자들의 행태와 그 최후를 살펴보고, '혼용무도'한 통치자를 가능케 했던 요인들을 분석해봄으로써 당시를 성찰하고, 다시는 이런 우를 범하지 않기 위한 역사적 교훈으로 삼았으면 한다.

'혼용'이란 단어의 사례를 남긴 소동파.

중국 10대 '혼용무도'한 군주

중국은 수천 년 왕조 체제를 거치면서 약 600명의 황제나 왕을 칭한 제왕을 배출했다. 여기에 춘추전국 시대 제후국의 최고 통치자인 국군들을 합치면 그 수는 훨씬 더 늘어난다. 이들 제왕들 중 제명에 죽은 자가 절반을 조금 넘는 정도라는 통계가 있다. 제왕이란 자리가 그만큼 불안한 자리였다는 의미다. 분열기나 혼란기에는 비정상적으로 죽은 제왕의 수치는 더 늘어난다. 그런데 이 수치의 이면을 좀 더 파고 들면, 그렇게 비정상적으로 삶을 마감한 제왕들 대부분이 '혼용무도'한 군주였다는 사실을 씁쓸하게 확인할 수 있다. 참고로 611명의 제왕들을 대상으로 사망원인을 분석한 자료를 알기 쉽게 표로 제시해둔다.

분류		통일시기		분열시기		총계	
병사		190 (64.1%)	197 (66.5%)	149 (47.3%)	151 (47.9%)	339 (51.2%)	348 (52.6%)
재발병 사망		3		1		4	
약물사		4		1		5	
정치적 원인	내분 중 사망	45	81 (27.3%)	107	152 (48.2%)	152	233 (38.1%)
	망국으로 사망	20		28		48	
	타족과 충돌 사망	10		15		25	
	인민봉기로 피살	6		2		8	
의외의 사망	낙마사			3		3	
	폭주사	1		1		2	
	희롱으로 애첩에게 피살			1		1	
원인불명		17		7		24	
총계		296명		315명		611명	

이 통계치와 그 의미를 염두에 두고 역대 약 600여 명의 제왕들 중 중국 네티즌들이 선정한 10대 '혼용무도'한 군주들의 행적을 간략하게 소개한다. 물론 소개하는 제왕들에 비해 훨씬 더한 자들도 많았지만 행적이 비교적 뚜렷한 인물들로 한정했다.

1. 은나라 마지막 군주 주(紂)이다. 주왕은 하나라의 마지막 임금인 걸(桀)과 함께 폭군의 대명사 '걸주'로 불리는데, 주지육림(酒池肉林)과 포락(炮烙, 형벌)이라는 황음무도와 포악한 통치를 상징하는 용어들을 창조해냈다.

2. 수나라를 멸망으로 이끈 양제(煬帝)다. 그 역시 사치향락과 포악한 통치의 대명사로 역사에 오명을 길이길이 남겼다. 양제는 세상에서 자신이 가장 잘났다며 그 누구의 말도 듣지 않는 '과대망상증'

혼군에게서 나타나는 공통된 현상의 하나는 과대망상이다. 수양제는 그중에서도 특히 이 증상이 심했다. 그림은 강남으로 놀러 가는 수양제의 요란한 행차를 그린 것이다.

을 보인 군주로도 유명하다. 술에 취하면 늘 거울을 보며 "이 좋은 머리를 누가 와서 자를까나?"라며 자화자찬했으며, 618년 측근 우문화급이 난으로 붙잡히고도 "내가 무슨 죄가 있어 이렇게 대하느냐!"며 악을 쓰다가 목을 매달려 죽었다. 그때 그의 나이 쉰이었고, 황제 노릇 15년 만이었다.

3. **진나라를 멸망으로 이끈 2세 호해(胡亥)이다.** 진시황의 작은아들로 측근 조고(趙高)의 정변에 가담하여 황제 자리에 올랐으나 조고의 꼭두각시가 되어 국정을 문란케 하다가 결국 자살로 생을 마감하고 나아가 최초의 통일 제국을 망쳤다. '지록위마(指鹿爲馬)'라는 유명한 고사성어를 만들어낸 장본인이기도 하다('지록위마'는 조고가 생각해낸 짓이었지만 당한 사람은 호해였다).

4. **진(晉) 혜제(惠帝)이다.** 혜제는 순진하다 못해 어리석은 군주의 대명사로 꼽힌다. 당시 기근이 들어 백성들이 굶어 죽는 사태가 속출하여 하루가 멀다하고 보고가 올라오자 혜제는 도저히 이해할 수 없다는 듯 "아니 배를 채울 곡식이 없다면 어째서 고기를 먹지 않는 것인가?"라고 반문했다고 한다. 루이 16세

마리 앙투아네트는 서양의 혼군(왕비)을 대표하는 인물이다.

의 왕비로 국고를 탕진하고 민중을 탄압하다 결국 단두대의 이슬로 사라진 마리 앙투와네트와 어쩌면 이리도 판박이일까?

5. 명나라 황제 세종(世宗), 즉 가정제(嘉靖帝)도 혼군무도의 반열에 올라 있다. 그는 재위 기간 내내 황음무도한 생활에 빠져 살았다. 그 뒤에는 간신배들의 농락이 있었다. 미신에 심취했고, 불로장생을 추구한답시고 단약 등 약물에 중독되었다. 이 때문에 통치계급 내부의 모순은 가속화되고 명나라의 국력은 갈수록 쇠퇴해졌다.

6. 청나라 황제 함풍제(咸豊帝)는 당시 중국이 열강들에게 능욕을 당하고 내분에 시달리고 있는데도 나랏일은 뒷전이고 여색에만 몰두했다. 2차 아편전쟁이 터지고 영·불 연합군이 북경을 공격하자 1860년 서태후와 함께 피서산장으로 도주했다. 그는 여기서도 자신의 본성을 버리지 못하고 황음무도한 생활에 빠져 살다가 이듬해 병으로 죽었다.

7. 진(陳)의 후주(後主) 진숙보(陳叔寶)란 자는 나라가 뭔지 나랏일이 뭔지도 몰랐던 황제였다. 그저 술과 향락만 알았고, 대대적으로 토목공사를 일으켜 후궁들에게 나누어 주었다. 이런 진숙보 곁에 썩어빠진 영혼의 지식인들이 달라붙어 진숙보의 어리석음을 부추겼다. 훗날 수나라 군대가 도성 건강(建康)을 함락한 뒤 진숙보를 찾았을 때 그는 아끼는 후궁 둘과 우물 속에 숨어 있었다고 한다.

8. 명나라 희종(熹宗) 주유교(朱由校)는 특별한 취향 때문에 나라를 망친 황제였다. 그는 별나게도 목수 일에 심취했다. 집을 지을 정도로 뛰어난 솜씨를 발휘했는데, 이 취미가 도를 지나쳐 국사를 환관 출신의 거간 위충현(魏忠賢) 등에게 맡겨 나라를 망쳤다.

9. 한나라 성제(成帝) 유오(劉驁)는 서한 말기 사회가 극도로 혼란한 상황에서도 나랏일을 돌보기는커녕 조비연(趙飛燕), 조합덕(趙合德) 자매에게 빠져 황음무도한 생활을 일삼다가 병이 골수에까지 침투하여 비참하게 죽었다. 권력은 왕망(王莽)에게 흘러들어갔고, 결국 한나라는 왕망에게 망했다.

10. 임진왜란 때 조선에 구원병을 보낸 명나라 신종(神宗) 주익균(朱翊鈞), 즉 만력제(萬历帝)는 장장 48년을 재위하는 동안 30년 넘게 조정 회의에 나가지 않은 진기록을 남긴 혼군이었다. 허구한 날 후궁에 틀어박혀 방중술 등에 심취하여 나라를 거덜 냈다. 훗날《명사(明史)》에서는 이런 그를 두고 "명나라의 멸망은 사실 만력제 때 망했다"고 평했다.

명 신종 주익균은 정치에 환멸을 느꼈는지 태후가 죽은 뒤 완전히 정치를 멀리 한 채 약물 중독 등 혼음(混淫)의 생활에 탐닉하여 명나라를 사실상 멸망으로 이끌었다.

이 밖에도 숱한 제왕들이 혼군의 대열에 그 이름을 올리고 있다. 리더의 자질 하나가 나라 전체에 영향을 미치는 제왕 체제의 한계와 문제점들이 고스란히 이들에게서 확인된다.

'혼용무도'한 통치자의 공통점

혼용무도한 통치자들에게서 나타나는 공통점은 여럿이지만 좋은 말이나 충고에 철저하게 귀를 기울이지 않는다는 점이 가장 심각하다. 스스로를 대단히 똑똑하고 잘났다고 여기기 때문이다. 그러다 보니 바른말을 하거나 충고하는 사람에 대해서는 증오심을 품고 박해한 반면, 자신의 말과 판단 등에 맞장구를 치거나 기분을 맞춰주는 아첨배와 간신들을 총애했다. 간신 정치와 환관 정치라는 왕조 체제의 부조리가 이렇게 해서 나타날 수 있었다.

하나라 마지막 임금 걸은 포악한 정치의 대명사였다. 이윤(伊尹)이 좋은 말을 받아들이지 않으면 나라가 위험해질 수 있다고 경고하자 걸은 "백성에게 군주는 하늘의 태양과 같은 것이다. 태양이 없어져야 나도 없어지는 것이야."며 화를 냈다. 그러자 백성들은 "태양아, 빨리 없어지거라. 우리가 너와 함께 망하련다!"는 노래를 불러 걸의 죽음을 기원했다.

상나라 마지막 임금 주도 걸과 별반 다르지 않았다. 주임금은 자질이 형편없는 군주가 아니었다. 《사기》에 따르면 "지혜는 남의 말을 듣지 않을 정도로 충분했고, 말솜씨는 잘못을 감추고도 남았다."고 한다. 신하들 앞에서 자기 능력 뽐내기를 즐겼고, 자신의 명성이 천하의 누구보다 높다고 생각하여 모든 사람을 자기 아래로 여겼다. 포락이라는 혹형으로 충직한 신하들과 백성들을 해치자 백성들의 원성이 하늘을 찔렀다. 그러자 주 임금은 형벌을 더 강화했다. 서백(西伯) 창(昌)(주 문왕)이 이런 상황이 안타까워 한숨을 쉬자 숭후호(崇侯虎)라는 간신배가 이를 고자질했고, 주 임금은 서백을 유리성(羑里城)에 감금했다.

주 임금은 또 자신의 비위를 잘 맞추는 아부꾼이자 사리사욕을 밝히는 비중(費仲)이란 자를 중용했고, 남의 비리를 캐내 헐뜯기를 좋아하는 오래(惡來)라는 자를 옆에 두고 아꼈다. 선량한 신하들과 백성들의 마음이 더욱 멀어졌고, 끝내는 주 무왕을 따르는 수많은 제후들의 공격을 받아 분신자살로 생을 마감했다.

대신 조이(祖伊)가 하늘이 장차 상나라를 멸망시키려 한다고 경고하면서 백성들도 상나라의 멸망을 간절히 바라고 있다는 여론을 전달하자 주 임금은 "나는 천명을 받고 태어난 사람이다. 보통 사람과 다른 사람인데 무엇을 두려워하리!"라며 딱 잘라 무시했다. 그러자 조이는 주 임금은 "좋은 말로는 안 되겠다(불가간의不可諫矣)!"라는 말로 주의 비참한 몰락을 예견했다고 한다.

'혼용무도'한 통치자의 거의 모든 특징을 갖춘 군주를 들라면 주나라의 여왕(厲王)을 들 수 있다. 여왕은 탐욕 그 자체였다. 영이공이란 간신배를 앞장세워 무거운 세금을 물리고 각종 특혜를 독점하게 하여 사사로운 이익을 잔뜩 챙겼다.

대부 예량부(芮良夫)가 "왕실이 쇠퇴하고 있습니다. 영이공이란 자는 이익을 독점하는 데만 관심이 있고 닥쳐올 큰 재앙은 모릅니다. 이익(利益)이란 만물과 천지자연에서 생겨나는 것으로 독점하면 그 피해가 커집니다. 천지만물을 모든 사람이 같이 나누어 써야 하거늘 어찌 독점할 수 있겠습니까? 많은 사람의 분노를 초래하여 큰 재앙에 대비할 수 없습니다. 이런 식으로 왕을 이끌면 왕이 오래 자리를 지킬 수 있겠습니까? 무릇 왕이란 이익을 개발하여 위아래로 공평하게 나누어야 합니다. 신과 인간, 그리고 만물이 모두 알맞게 이익을 얻게 하고, 행여 원망이 있지는 않은지 걱정하고 두려워해야 합니다."라고 충고했다.

예량부는 그러면서 "지금 왕께서 이익을 혼자 차지하려는 것이 과연 옳은 일입니까? 필부가 이익을 독차지하여도 도적이라 부르거늘 왕이 그리하면 왕을 따르는 사람이 적어집니다."라고 경고했다. 물론 여왕은 듣지 않았고, 끝내 영이공을 고위직에 임명하여 권력을 장악하게 했다. 나라 사람들의 비방이 거세지자 여왕은 위나라 무당을 불러다 비방하는 사람을 감시하게 하고, 그렇게 해서 적발되면 죽였다. 비방하는 사람들은 줄었지만 민심은 떠나고, 권력층 내부의 마음도 떠나갔다. 그러나 여왕은 자신이 비방을 없앴다며 기뻐 날뛰었다. 소공(召公)이 이렇게 충언했다.

"그것은 말을 못하게 막은 것입니다. 백성들의 입을 막는 일은 홍수를 막는 일보다 심각합니다(방민지구심어방수防民之口甚於防水). 막힌 물이 터지면 피해가 엄청난 것처럼 백성들 또한 같습니다. 따라서 물을 다스리는 자는 물길을 터주고, 백성을 다스리는 자는 말을 하도록 이끌어야 합니다. (중략) 백성들에게 입이 있는 것은 대지에 산천이 있어 사용할 재물이 나오는 것과 같고, 대지에 평야, 습지, 옥토 등이 있어 입고 먹는 것이 나오는 것과 같습니다. 백성들로 하여금 실컷 말하게 하면 정치의 잘잘못이 다 드러납니다. 좋은 일은 실행하고, 나쁜 일은 방지하는 것, 이것이 바로 재물을 생산하여 입고 먹는 것에 쓰는 방법입니다. 백성들은 속으로 생각한 다음 입으로 말하며, 충분히 생각한 다음 행동으로 옮깁니다. 그런 그들의 입을 막는 일이 얼마나 오래가겠습니까?"

여왕은 듣지 않았다. 기원전 841년 나라 사람들이 들고일어나 여왕을 내쫓았다. 여왕은 체(彘)라는 곳으로 도망갔다가 쓸쓸히 죽었다.

주 유왕(幽王)은 총애하는 애첩 포사(褒姒)를 웃기려고 위급한 상황에서나 피우는 봉화를 수시로 피우다가 정작 외적이

주 유왕이 봉화 놀이를 했던 여산(驪山)의 봉수대.

쳐들어왔을 때 아무도 구원하러 나서지 않는 바람에 포사와 함께 처참하게 살해당했다. 주나라는 도성을 빼앗기고 한순간 망했다. 평왕이 간신히 수습하여 도읍을 낙양으로 옮겼으나 겨우 명맥만 유지하다 소리도 없이 역사의 무대에서 사라졌다.

부끄러움을 몰랐던 '혼용무도'한 통치자들

'혼용무도'한 통치자들의 또 다른 특징이자 공통점은 부끄러움을 모른다는 사실이다. 자신의 능력이나 자리를 과신하는 과대망상에다 이를 부추기는 간신들의 아부가 합쳐진 결과물이다. 무슨 짓을 하던 잘했다고 꼬리를 치는 자들을 곁에 두고 총애하니 자신의 잘못을 전혀 인지하지 못하고, 그것이 자신의 능력과 자리에 대한 과도한 집착과 결합하여 결국은 정신적으로 심각한 문제를 일으켰다.

반성할 줄 모르는 권력과 권력자는 결국 독재나 폭정으로 흐르고, 그 최후는 예외 없이 비참했다. 자신을 망치는 것은 당연했고, 백성과 나라까지 망쳤다. 망가진 나라를 복구하는 데는 실로 엄청난 힘과 시간이 필요하다. 그래서 나라를 발전시키는 데는 잘난 인재 여럿으로도 모자라지만, 나라를 망치는 데는 '혼용무도'한 통치자 하나만 충분하다고 하는 것이다.

통치자가 '혼용무도'로 빠지는 원인을 파고들면 예외 없이 개인이나 패거리의 사사로운 욕심과 만나게 된다. 이러면 공사 구분을 못하게 되고, 결국 부끄러움을 모르는 파렴치한 인간으로 변질된다. 선현들은 이런 문제의 근원을 가정과 교육에서 찾고 있다. 《성리대전(性理大全)》을 보면 "사람을 가르치려면 반드시 부끄러움을 먼저 가르쳐야 한다. 부끄러움이 없으면 못할 짓이 없다(무치즉무소불위無恥則無所不爲)."고 했다.

자신의 언행이 남과 사회에 피해를 주는 것을 부끄러워할 줄 알아야만 그릇된 언행을 일삼지 않는다는 것이고, 그러기 위해서는 어려서부터 부끄러움이 무엇인지 가르쳐야 한다는 지적이다. 그래서 청나라 때의 학자 고염무(顧炎武)는 "청렴하지 않으면 받지 않는 것이 없고(불염즉무소불취不廉則無所不取), 부끄러워할 줄 모르면 못할 짓이 없다(불치즉무소불위不恥則無所不爲)"라고 했다.

'혼용무도'한 통치자들 대부분이 부끄러움에 대한 교육을 받지 않았다. 설사 받았다 하더라도 그것을 실천으로 옮기게 할 마땅한 제도적 장치나 정신적 스승이 없었다. 결국은 자기수양, 즉 후천적 노력에 의한 자질에 의존할 수밖에 없다.

이런 결론은 왕조체제에서나 지금 우리 현실에서나 하등 다를 바가 없다. 상황이 나아질 것 같지는 않아 보이면 백성들의 절망은 더욱 깊어진다. 2016년의 전망을 더욱 암울케 하는 지표들이 2015년을 내내 휩쓸었고, 그 결정타가 '혼용무도'로 정리되었을 뿐이다. 정말이지 대한민국 역사의 시계는 어디로 가고 있는가? 백성들마저 '혼용'과 '무도'의 늪으로 빠져드는 것이 아닌지 몹시 걱정스럽다.

＊2015년 말 이 칼럼을 쓰고 불과 반년 만에 대통령이 탄핵되었다. 역사의 뒤끝이 얼마나 무서운지 또 한 번 실감했다. 그리고 역사의 뒤끝은 늘 깨어 있는 국민들이 도화선을 만들어 준다.

＊2024년 7월 1일부터 이 원고를 다시 읽고 고치는 중이다. 침통하게도 10년 전 썼던 위 글의 내용이 지금 다시 반복되고 있다. 또 한 번의 '탄핵의 시계'가 빨라지고 있다. 역사의 경고, 역사의 교훈, 역사의 데자뷔가 정말 무섭다. 언제까지 이 시행착오를 반복할 것인가? 이번에는 확실하게 단호하게 이 시행착오의 고리를 끊어야 한다.

14

소통의 정치는 나라를 안정시키고 인재를 부른다

위아래가 막히면 나라가 상한다

2015년 내내 '불통(不通)의 리더십'이 연일 지면을 달구었다. 국내 정치는 말할 것 없고 외교에서도 불통이 도마 위에 올랐다. 나라 전체가 불안했다. 급기야 4월 16일 세월호 대참사가 터졌다. 리더에게 요구되는 수많은 자질 가운데 소통은 늘 맨 윗자리를 차지한다. 역사적 사례를 통해 불통과 악법의 문제를 생각해보고, 불통에서 소통으로 변화하여 백성을 안정시키고 나라를 부강하게 이끈 리더의 사례에서 당시의 현실을 성찰해본 칼럼이었다.

거듭 말하지만 '역사의 데자뷔'가 또 나타나고 있다. 그 원인도 2016년 당시와 크게 다르지 않다. '불통'이 역시나 맨 앞에 자리 잡고 있다. 거기에 더해 패거리 정당, 즉 '정간'들과 검찰, 즉 '검간'들까지 가세하여 나라를 망치고 있어 문제의 심각성이 더 하다. 머지 않아 끝장은 나겠지만 그동안 망가진 나라, 피폐해진 국민들의 생활과 정신을 어떻게 회복시킬 것인가? 많은 걱정이 앞선다. 하지만 지금은 떨치고 일어나 하루빨리 또 한 번 쫓아내야 할 때다. 소통의 중요성과 심각성을 다룬 글이다.

불통과 악법 : '우어기시(偶語棄市)'

소통을 모르는 통치자와 정권은 예외 없이 사상과 언론을 통제하고 탄압한다(이명박 정권 시절 만들어진 블랙리스트가 사실로 드러나면서 또 한 번 이런 정권과 통치자의 속성이 입증되었다). 이 때문에 독재정권은 말할 것 없고 권위주의적 정권은 늘 유언비어에 시달린다. 이런 정권들은 체질적으로 유언비어를 두려워한다. **이런 정권 하에서 발생하는 유언비어는** 학자들이 진단하듯이 병적인 것도 아니고 남을 속이려는 수법의 결과물도 아닌, **'불안하고 애매모호한 상황을 이해하려는 백성들의 은밀하고도 성실한 시도'**일 따름이다.

중국을 최초로 통일한 진시황(秦始皇)은 극단적인 사상과 언론탄압으로 악명이 높았다. 그는 유언비어조차 극단적인 방법으로 통제하려 했다. 그 결과물이 바로 '우어기시'라는 성어로 압축되어 나타났다. '두 사람이 짝을 지어 속닥거려도 저잣거리에서 공개적으로 처형한다'는 악법 중에서도 최악의 악법이었다. 언론탄압이 이 정도였다면 백성들의 생활이 어떠했으리라는 것은 상상하고 남는다.

《사기》에서 이 성어는 두 군데 보인다. 이 가혹한 법을 제정한 장본인인 진시황의 행적을 수록한 〈진시황본기〉와 이 법을 비롯하여 진의 가혹한 법들을 폐지하여 '약법삼장(約法三章)'으로 요약한 한고조 유방의 일대기인 〈고조본기〉다. 참으로 공교롭다. '우어기시'라는 이 극단적인 조치의 발상은 이사(李斯)에게서 나왔다. 《시(詩)》나 《서(書)》에 대해 두 사람 이상이 이야기를 하면 사형시킨다는 내용이었다. 이 부분이 〈고조본기〉에 와서는 "모여서 의론하는 사람들은 저잣거리에서 사형을 당했다."는 것으로 의미가 확대되었다.

두 기록이 서로 어긋나 보이지만 사상이나 언론탄압의 범위라는 것이 늘 애매하고 포괄적일 수밖에 없다는 점을 염두에 둔다면, 당초 《시》나 《서》에 대한 논의를 처벌하던 것에서 그저 두 사람 이상

자신의 입시출세를 위해 '우어기시'라는 악법과 '분서갱유'를 주장했던 이사.

이 모여서 수근거리기만 해도 극형에 처하는 것으로 법 적용이 확대된 것은 지극히 당연한 수순이었다.

사상과 언론이 탄압을 받으면 유언비어가 전염병처럼 퍼진다. 그 전염병은 궁극적으로는 정권마저 감염시켜 쓰러뜨린다. 유언비어는 표면상의 말보다 더 많은 것을 말하고 싶어 하며, 그 은밀함으로 더 중요하고 타당할 때가 있다. 그 속에 백성들의 마음이 담겨 있기 때문이다. 정권이 유언비어를 두려워하는 까닭이 여기에 있다. 그런데 이 유언비어를 악의적으로 이용하려는 자들이 있다. 가짜 뉴스가 그것이다. 이 점을 정확하게 읽어내야 한다.

'옹폐지(雍蔽之), 국상야(國傷也)'

'옹폐지, 국상야'는 언론이 통제되거나 언로가 막히면 나라가 위태로워진다는 언론과 언로의 중요성을 함축적으로 나타낸 명언이

250

자 소통의 중요성을 지적한 명언이기도 하다. 《회남자(淮南子)》에도 "말로 말을 막고, 행동으로 행동을 막으려는 것은, 날리는 먼지로 날리는 먼지를 막으려는 것과 다를 바 없다"는 말이 있다.

이 명언은 진나라가 그렇게 빨리 무너져버린 원인을 따지는 자리에서 사마천이 한나라 초기의 정치 사상가인 가의(賈誼, 기원전 200~기원전 168)의 진나라의 실정을 전문적으로 비평한 〈과진론(過秦論)〉이라는 글을 빌어 한 말이다. 가의의 분석과 진단에 따르면 진시황과 2세 황제 호해(胡亥)는 모두 진의 멸망을 가속화한 가장 큰 원인이었던 '위아래의 언로가 막히면 나라를 망친다'는 '옹폐지(雍蔽之), 국상야(國傷也)'의 이치를 몰랐거나 무시했다.

'옹(雍)'은 물의 흐름을 막는다는 뜻이고, '폐(蔽)'는 차단하고 가린다는 뜻이다. 위의 뜻이 아래로 전달되지 못하고, 아래의 감정은 더더욱 위로 전달되지 못한다. 그렇게 되면 서로 감추고 숨기는 바람에 나라의 혈관이 막힌다. 그다음은 혈관이 터지는, 나라로 말하자면 멸망이다. '정보 전달의 기능이 상실되면 조직은 활력을 잃는다'는 이치와 같다고나 할까?

진나라를 멸망으로 이끈 원인의 하나는 '위아래의 언로가 막힌' '옹폐'였다. 후세인에게 경계가 되고 귀감이 되기에 충분하다. 물론, 분별없는 저질 언론과 자기 방향성을 상실한 언론 또한 나라를 망치는 주범이다. 언론이 불통의 통치자에 대해 어떤 행태를 보이는지 사납게 지켜봐야 할 중요한 이유가 여기에 있다. 이 또한 사실로 입증되었다. 당시 언론들은 불통의 정부와 통치자에 대해 침

최초의 통일제국 진나라가 멸망한 원인으로 '옹폐지(雍蔽之), 국상야(國傷也)'란 명언으로 소통의 문제를 지적한 가의.

묵했고, 심지어 찬양하기에 급급했다. 세월호 대참사에 이들의 패륜적 행태는 절정에 이르렀고, 정권이 바뀐 지금 안면몰수하고 정권을 헐뜯기에 혈안이 되어 있다. 기레기들의 합창이 온 나라 국민들의 귀를 아프게 하고 있다.

권력과 권력자의 불통이 문제가 아니라 언론의 불통이 문제가 되는 참으로 역설적인 상황이 벌어지고 있다

(그리고 2024년 지금 언론은 더 이상 언론의 기능을 하지 못하는, 아니 하려고 하지 않는 상황에 처했다. 스스로를 그렇게 만들었다. 이제 우리 사회에서 언론은 단순한 정보전달과 사실전달의 기능조차 제대로 해내지 못하는, 결국은 어떤 사회적 기능도 해내지 못하는 '살아 있어도 살아 있는 것이 아닌' '생불여사生不如死'의 폐기물에 다름없는 신세가 되었다. 곧 대대적인 청소가 뒤따를 전망이다).

거문고를 들고 통치의 이치를 설파한 추기(鄒忌)

기원전 379년, 전인(田因)은 제(齊)나라의 제후였던 아버지의 뒤를 계승하여 새로운 제후가 되었다. 전인은 오와 월나라의 뒤를 따라 제후의 명칭을 버리고 스스로 왕으로 자처했다. 이가 바로 제 **위왕**(威王)이다. 위왕은 왕이 된 뒤에 자만에 빠져 매일 가무와 여색에 빠져 조정의 일을 돌보지 않았다. 그 틈을 노려 한·위·노·조 등이 서로 군대를 일으켜 계속 제나라를 공격했다. 변방의 장수들은 싸울 투지마저 없어 매번 전투에서 패했다. 적지 않은 국토가 적국의 손에 넘어갔다. 위왕은 여전히 자신의 잘못을 깨닫지 못하고 있었다.

일개 하층 지식인이었지만 나라와 백성을 걱정하는 추기의 마음은 초초했다. 추기는 나라의 면모를 개혁하려면 반드시 위왕의 정신상태를 돌려놓아야 하고, 이를 위해서는 어떤 방법을 쓰던 위왕을 자극해야 한다고 판단했다. 추기는 사흘 밤낮을 고민한 끝에 마침내 한 가지 방책을 생각해냈다.

날을 잡은 추기는 단정하게 갖추어 입은 다음 왕궁으로 갔다. 사람을 넣어 왕을 만났다. 추기는 "대왕께서 음악을 좋아한다고 들었습니다. 제가 거문고에 대해 나름 연구한 것이 있어 특별히 찾아뵙게 되었습니다."고 인사를 올렸다. 평소 음주가무라면 일가견이 있다고 자부하던 위왕은 추기가 거문고 이야기를 하자 몹시 들떠 좌우의 시종들에게 명하여 거문고를 가져와 추기 앞에 놓도록 하였다.

추기는 짐짓 거문고 줄 위에 손을 얹고는 눈을 감았다. 위왕은 기대에 부푼 눈빛과 표정으로 추기를 보았다. 한참이 지났지만 추기의 손은 줄에 얹힌 채 그대로였다. 위왕이 의아한 표정으로 "선생께서 방금 스스로 거문고에 대해 잘 안다고 하여 거문고 타는 솜씨를 감상하려고 하는데 거문고 줄만 어루만지고 계시니 혹시 거문고가 마음에 들지 않으시오? 아니면 과인에게 무슨 말을 하고 싶은 겝니까?"라고 물었다. 추기는 거문고를 한쪽으로 밀어 놓고 정색을 하며 위왕에게 이렇게 말했다.

"신이 잘 알고 있다고 말씀드린 것은 거문고 소리에 관한 이치입니다. 거문고를 타서 아름다운 소리를 내는 것은 악공(樂公)의 몫이지요. 신이 비록 거문고 소리의 이치를 알고 있다고는 하나 그걸 듣고 왕께서 욕하시면 어쩌나 걱정되어서 이렇게 머뭇거리고 있습니다."

위왕은 다소 언짢은 표정을 지었지만 이왕 이렇게 된 것 어쩔 수 없다는 듯 "그러면 먼저 거문고의 이치에 대해 말해 보시오!"라고 했다. 추기는 다시 거문고를 자기 쪽으로 끌어당긴 다음 이렇게 말했다.

"거문고를 뜻하는 금(琴)이라는 글자는 금지한다는 금(禁)자와 통합니다. 음탕하고 사악한 것을 금하고 모든 것을 올바르게 돌려놓는다는 뜻이지요. 오랜 옛날 복희씨(伏羲氏)가 거문고를 만들 때 길이는 세 자 여섯 치 일곱 푼으로 하여 1년 366일을 본 땄고, 그 폭은 여섯 치로 육합(六合)을 상징했습니다. 앞이 넓고 뒤가 좁은 것은 귀한 것과 천한 것을 구분하기 위해서입니다. 또한 위는 둥글고 아래가 네모난 것은 하늘과 땅을 상징합니다. 줄이 다섯 개인 것은 금(金), 목(木), 수(水), 화(火), 토(土)의 오행을 말하고, 큰 줄은 군주를 작은 줄은 신하를 말합니다. 소리에 완급이 있는 것은 청탁을 표현하고자 함인데, 탁한 소리는 너그럽되 절제가 있으니 임금의 도를 말하고, 청한 소리는 깨끗하나 어지럽지 않으니 신하의 도리를 말합니다. 군신 간에 서로 믿게 되면 정치 명령이 조화를 이룹니다. 나라를 다스리는 이치가 거문고를 연주하는 이치와 하나 다를 바 없습니다."

위왕은 추기의 설명에 다소 흥미를 가지긴 했지만 여전히 그 깊은 의미를 깨닫지 못하고 "거문고에 대한 선생의 설명은 참으로 좋습니다! 선생께서 이미 거문고의 이치를 깨닫고 있으니 필시 그 음에도 정통하고 계실 것이라 생각하오. 원컨대 선생은 나를 위해 거문고를 한 번 타보시기 바라오."라고 했다. 추기는 다소 침통한 표정을 지으며 이렇게 말했다.

"신의 업이 거문고의 이치를 깨닫는 것이라 거문고에 정통한 것은 당연합니다. 하온대 대왕의 업은 나라를 다스리는 일인데 어찌하여 나라를 다스리는 이치에 정통하지 못하십니까? 대왕께서는 신이 거문고를 어루만지기만 하듯이 나라를 9년 동안이나 어루만지기만 할 뿐 다스리시지 않으니 백성들의 마음이 즐거울 수 있겠습니까?"

추기의 이 말에 위왕은 문득 깨달은 바가 있어 흥분된 마음을 진정시키지 못하고 황급히 이렇게 말했다.

"선생의 뜻을 알았습니다. 과인이 삼가 선생의 말씀을 따르겠소이다!"

미남차 추기, 비유를 통해 언로를 활짝 열게 하다

위왕은 추기를 자기 침소의 오른쪽 방에 머물도록 했다. 다음 날 아침이 되자 위왕은 목욕재계한 다음 추기를 불러 치국의 도리에 대해 물었다. 추기는 치국의 이치와 방법 등에 대해 자신의 생각을 솔직하게 털어놓았다. 얼마 후 위왕은 추기를 재상으로 삼고 자기를 도와 제나라를 다스리게 했다. 이렇게 해서 위왕은 대오각성하고 추기와 함께 호흡을 맞추어 제나라를 중흥시키기 위한 개혁에 힘찬 시동을 걸었다.

이후 추기는 위왕에게 소통의 중요성을 강조했는데, 관련하여 이런 일화가 전한다. 추기는 알아주는 미남자였다. 일쑤 거울을 보며 자신의 잘생긴 용모에 스스로 감탄했다. 추기는 아내에게 도성 북쪽의 서공(徐公)과 비교할 때 누가 더 미남이냐고 물었다. 아내는 "당연히 당신이 더 잘 생겼지요."라고 대답했다. 첩에게 물어도, 자신을 찾아온 손님에게 물어도 답은 마찬가지였다. 하지만 서공의 실물을 보니 아무리 봐도 자기보다 서공이 더 잘 생겼다. 추기는

'이들은 왜 내가 더 잘 생겼다고 할까'하는 고민에 빠졌다.

얼마 뒤 추기는 위왕에게 이 이야기를 들려주며 "아내는 저를 사랑하기에, 첩은 총애를 잃을까 겁이 나서, 손님은 제게 바라는 것이 있기 때문에 그렇게 말한 것입니다." 라고 분석한 다음 왕의 곁

거문고로 소통의 이치를 설파한 추기.

에도 이런 부류들이 넘쳐나니 정작 바른 소리를 들을 수 없다고 충고했다. 위왕은 전국에 다음과 같은 포고령을 내렸다.

첫째, 왕 앞에서 대놓고 충고하는 사람에게는 1등상을 준다.
둘째, 글을 올려 왕의 잘못을 바로잡는 사람에게는 2등상을 준다.
셋째, 사석에서라도 왕의 잘못을 지적하여 그 이야기가 왕에 귀에 들리면 3등상을 준다.

그로부터 1년 뒤, 위왕의 잘못을 지적하는 말들이 완전히 사라졌다. 위왕이 자신을 비판하는 목소리에 충실히 귀를 기울여 잘못을 바로잡았고, 그로써 지적할 잘못이 없어졌기 때문이다.

위왕의 개혁정치와 그 결과

추기를 비롯한 참신한 인재를 기용하여 부국강병을 추구한 위왕의 정책들 중에서도 인재를 등용하는 용인 정책이 가장 중요한 비중을 차지했다. 먼저 지방 관리에 대한 구조 조정을 시작했다. 당시 제나라는 두 자리의 중요한 지방관을 두고 있었는데, 즉묵(卽墨, 지금의 산동성 청도시 즉묵구) 대부와 아(阿, 지금의 산동성 양곡陽谷 동북쪽) 대부였다. 즉묵 대부는 황무지를 개간하는 등 지역을 잘 다스려 관청의 재정이 날로 늘었다. 그는 성격이 강직하여 권세가들의 비위를 맞출 줄 몰랐다. 그래서인지 위왕의 측근 대신들은 늘 즉묵 대부에 대한 험담을 일삼았다. 아 대부는 농사를 제대로 챙기지 않아 논밭에는 잡초만 무성하고 창고도 텅 비어 있었다. 모두가 허술하기 짝이 없었다. 하지만 그는 위왕의 측근들에게 뇌물을 자주 바치는 등 아부를 일삼아 늘 칭찬하는 말만 들었다.

위왕은 이 두 사람에 대해 몰래 조사한 다음 그들을 불러들였다. 위왕은 즉묵 대부에게 "그대가 즉묵으로 간 다음 자네에 대한 뒷공론이 무성했다네. 내가 사람을 보내 즉묵을 살피게 했더니 곳곳이 논밭으로 변해 있었고, 백성들은 풍요로운 생활에 관리들은 청렴하여 모두가 편하게 살고 있다고 하더군. 이는 그대가 나의 측근 대신들에게 아부하지 않았기 때문인 것 아닌가 하네."라고 말한 다음 즉묵 대부에서 만 호나 되는 땅을 다스리게 했다.

이어 아 대부를 만난 위왕은 "그대가 아 지역으로 간 다음 오로지 칭찬하는 말만 들리더군. 그래서 사람을 보내 알아보니 논밭은 농사를 짓지 않아 잡초만 우거지고 백성들은 고생에 허덕이고 있다더군. 옛날 조나라가 견(甄)을 공격했을 때 그대는 견을 구하지 못했고, 위나라가 설릉(薛陵)을 공격해왔는데도 모르고 있었지. 너는 재물로 내 측근들을 매수하여 나를 속였더군."라고 호통을 친 다음 "아 대부와 그의 죄를 숨겨준 자들을 끓는 물에 던져 죽이라!"는 엄중한 명령을 내렸다.

관리를 다스린다는 것은 인재를 다스리는 것이다. 즉묵 대부에게 상을 내리고 아 대부를 징벌한 것으로 볼 때 위왕은 잘잘못을 가릴 줄 아는 통치자였다. 상벌의 원칙도 분명하여 큰 업적을 이룰 가능성을 충분히 보여주었다. 실제로 위왕은 탁택(濁澤)에서 위나라와 싸워 이기고 혜왕을 포위했다. 혜왕은 화해를 구걸하며 조나라에게 빼앗았던 제나라의 장성을 다시 돌려주었다. 위왕은 제후국들의 혼전 상황을 짧은 시간 내에 수습했다. 국내에서 실시한 일련의 정책은 제나라의 백성들로 하여금 건전한 생활과 인간관계를 가질 수 있게 했다. 모두가 성실하게 살도록 격려하여 제나라의 번영을 구가했다. 이후 20년 동안 제후들 누구도 감히 제나라를 건드리지 못했다.

제후들이 제나라를 건드리지 못한 데는 위왕이 유능한 인재를 많이 기용한 사실과 밀접한 관계가 있다. 그가 기용한 대표적 인재로는 추기 외에도 순우곤(淳于髡), 손빈(孫臏) 등을 꼽을 수 있다. 손빈은 뛰어난 군사가였는데 동문수학한 방연(龐涓)의 질투와 모함을 받아 억울하

대오각성하여 제나라의 제2 전성기를 구가한 위왕.

게 무릎 아래를 잘리는 극형을 받고 조국 제나라로 탈출해왔다. 장군 전기(田忌)는 위왕에게 손빈을 추천했고 위왕은 그를 참모로 모셨다. 위나라가 조나라를 공격하자 조나라는 제나라에 도움을 요청했다. 손빈은 위나라를 포위하여 조나라를 구한다는 이른바 '위위구조(圍魏救趙)'의 책략으로 계릉(桂陵)에서 위나라 군대를 크게 격파했다. 손빈은 이후 마릉(馬陵) 전투에서 위나라 군대를 대파했고, 방연은 자살했다.

제나라는 제후국들 중에서 최강으로 등장했으며, 나아가서는 왕으로 자칭하며 천하를 호령했다. 위왕은 정치와 군사 등 여러 방면에서 탁월한 인재를 거느렸다. 이런 인재들이 있었기 때문에 위왕은 한때의 침체기를 털고 일어나 천하를 놀라게 했다.

위왕의 인재관

위왕은 유능한 인재를 기용하면 어떤 결과가 나타나는가를 알았다. 그래서 인재를 나라의 보물처럼 자랑스럽게 생각했다. 그가 위나라 혜왕(惠王)과 나눈 의심장한 대화를 한번 보자.

"대왕의 나라에는 보물이 얼마나 있습니까?"

"없습니다."

"과인의 나라는 비록 작긴 하지만 한 치나 되는 구슬로 장식된 수레가 열두 대는 있습니다. 그런데 대왕의 나라는 대국인데 어째서 보물이 없다고 하십니까?"

"과인의 보물과 당신의 보물이 다르기 때문입니다. 내게는 단자(檀子)라는 신하가 있는데, 남쪽 성을 굳게 지켜 초국 사람들이 동쪽을 넘보지 못하게 하고 12제후가 공물을 바치게 합니다. 반자(盼子)라는 신하가 고당(高唐)을 지키고 있어 조국 사람들은 그 동쪽 강에서 고기도 감히 잡지 못합니다. 검부(黔夫)라는 신하는 서주(徐州)를 지키고 있는데 북문과 서문에서 제사를 지내는 연국과 조국 사람 7,000호가 우리 쪽으로 이주해왔습니다. 제게는 종수(種首)라는 신하가 있는데 도적을 막는 능력이 특출해 그가 관할하는 지역에서는 길에 떨어진 물건도 줍지 않는답니다. 이런 인재들을 어찌 열두 수레를 채우는 보물과 비교할 수 있겠습니까?"

혜왕은 위왕의 이 말을 듣고는 부끄러워 얼른 자기 나라로 되돌아갔다. 위왕의 뒤를 이은 선왕(宣王)도 여러 가지 방법과 수단으로 인재를 끌어들였고, 제나라는 인재로 흘러넘쳤다. 수도 임치(臨淄)의 서문인 직문(稷門) 밖에는 오늘날의 대학교나 전문 연구기관 같은 아카데미

전국시대 학술사상의 요람이었던 직하학궁 유지의 현재 모습.

가 들어섰다. 이를 직하학궁(稷下學宮)이라 불렀고, 사람들은 이 학교에서 강의하고 공부하는 사람들을 일컬어 직하학파(稷下學派)라 불렀다. 이 학궁은 국적을 초월하여 뛰어난 학자들을 두루 받아들였다. 각국의 문인과 학자, 그리고 사상가들이 구름처럼 몰려들었다. 추연, 순우곤, 전병(田駢), 접여(接予), 신도(慎到), 환연(環淵) 등 약 70명에 이르는 학자들이 경제적 지원과 상대부라는 벼슬을 받고 학문을 연구하고 국사를 논의했다. 한창 번성했을 때는 학자가 수천에 이르렀다. 대사상가인 맹자와 순자도 이곳에 와서 강의를 했고, 순자는 이 학궁의 최고 책임자인 좨주(祭酒, 아카데미 원장)를 두 차례나 지냈다.

인재 중시의 심각한 이치

제나라가 유능한 인재를 이렇게 많이 끌어들일 수 있었던 근본적인 원인은 군주가 인재를 중시하고 그들을 적재적소에 기용했기 때문이다. 그 결과 '함께 살고 함께 발전해 나가는' '공생동추(共生同趨)'라는 아주 훌륭한 현상이 나타났다. 순우곤(淳于髡)은 그 원인을 제대로 분석한 바 있는데, 관련한 이런 일화가 전한다.

어느 날 순우곤은 선왕에게 하루에 일곱 인재를 추천했다. 한꺼번에 인재를 추천받은 선왕은 의아해하며 "내가 듣기에 천 리 안에 현명한 선비 한 사람만 있어도 인재가 몸에 부딪칠 정도로 많다고들 하며, 백 세대에 걸쳐 성인이 한 사람 나와도 발꿈치가 닿을 정도로 인재가 많다고들 하는데, 나는 오늘 하루 만에 일곱 명의 인재를 얻었으니 이건 너무 많은 것 아니오?"라고 물었다. 이 질문에 대한 순우곤의 대답은 이랬다.

"사람은 뜻이 같은 사람끼리 모이고, 사물은 같은 종류끼리 모이는 법입니다. 오늘 추천한 인재들은 모두 천하에 둘도 없는 인재들입니다. 대왕께서 제게 인재를 구하라는 것은 강물에서 물을 얻고, 불더미에서 불씨를 얻으라는 것과 마찬가지입니다. 그러니 일곱 인재를 추천한 것을 어찌 많다고 하겠습니까?"

순우곤의 이 말은 인재는 고립된 상황에서 출현하는 것이 아니라 일정한 조건이 되면 식물들의 공생관계처럼 무더기로 자라나며, 같은 이상과 포부를 가진 인재는 조건만 맞으면 서로를 끌어당긴다는 뜻이다. 순우곤의 알아듣기 쉬운 비유는 인재의 '공생'과 '동추' 현상을 최초로 분석했다는 점에서 큰 의미가 있다. 이는 또 위왕과 선왕 시대에 인재가

인재의 중요성이 갖는 심각한 이치를 통찰했던 순우곤.

운집한 현상에 대한 생생한 분석이기도 하다. 이것이 바로 '현명한 사람이 현명한 사람을 추천한다'는 '이현천현(以賢薦賢)'의 법칙이다.

위왕은 추기로부터 소통의 이치에 대한 충고를 듣고 9년에 걸친 생활 태도와 사고 방식을 완전히 뜯어고쳤다. 백성과 적극 소통했다. 어떤 관리가 좋고 나쁜지를 정확하게 알게 되었다. 손빈, 전기 같은 군사 전문가도 발탁할 수 있었다.

위왕은 나아가 당대 최고 사상가들을 대거 초빙하여 학궁을 만들어주고 자유롭게 학술 토론을 할 수 있게 지원했다. 제나라와 그 수도 임치는 당시 최고 수준의 문화를 누렸다. 제나라는 제2의 전성기를 맞이했다. 그 모든 것의 출발점은 다름 아닌 통치자의 소통 의지와 실천이었다.

리더의 허심탄회한 소통은 인재를 끌어들이는 자력(磁力)으로 작용한다. 많은 인재를 적재적소에 배치하여 일을 맡기면 조직이 활기를 띤다. 조직이 활기를 띠면 조직이 발전한다. 나라 또한 하나 다를 바 없다. 인재는 한 나라 흥망성쇠의 관건이다. 그리고 그 전제조건은 리더의 허심탄회한 소통의 의지이다.

정치와
정치가의
언어(言語)

유머와 언격(言格)

성공한 정치가의 공통점을 들라면 어떤 것들이 있을까? 많은 항목이 나올 것이다. 요즈음 정치판과 정치가들의 문제점을 생각한다면 '공사분별'이 중요한 항목을 차지해야 한다. 관련하여 정치와 정치가의 언어를 생각해보았다.

평소 필자는 언어의 격, 즉 '언격(言格)'이 '인격(人格)'이라는 말을 자주 한다. 하는 말을 들으면 그 사람의 인격을 짐작할 수 있고, 나아가 그 인격을 판단할 수 있기 때문이다. 그렇다면 '언격'도 성공한 정치가의 공통점들 중 하나가 될 법하다. '언격'은 어떻게 갖추어지는가? 당연히 공부를 통해서이다. 입시나 고시를 위한 공부, 자격증을 따기 위한 공부가 아니라 리더십을 기르기 위한 다양하고 꾸준한 공부를 말한다.

특히 역사공부를 비롯한 인문학 공부는 필수다. 춘추시대 정치가 정자산의 말처럼 사람이 된 다음 벼슬(정치)을 해야지 벼슬한 다음 사람 되기는 어렵다. 정자산이 말하는 '사람'이란 리더로서 당연히 갖추어야 할 자질을 가진 사람이다. 그렇지 않고 벼슬(권력)부터 가지면 그 벼슬(권력)로 자신의 잘못을 가리고 감추고 덮으려 하기 때문이다.

깊이 있는 공부에서 나오는 '언격'은 결국 '인격'과 '품격'을 결정한다. 그리고 그 '언격'에는 수준 높고 차원이 다른 유머가 포함되어 있다. 유머와 언격에 관한 이야기를 해본다.

사람보다 말을 더 아끼는 왕에게 충고한 궁중 연예인

춘추시대 제후국은 궁정에다 외빈 접대를 위한 연예인단을 별도로 두었던 것 같다. 이 연예인단의 단원을 우령(優伶)이라 불렀다. 배우(俳優, 탤런트Talent)라는 단어의 '우(優)'가 여기서 나왔다. 당시 '우령'은 춤, 음악, 노래는 물론 배우(주로 풍자 코미디언) 역할까지 말 그대로 종합 엔터테이너였다.

《사기》〈골계열전〉은 주로 이런 궁정 연예인들의 일화를 소개한 것이다. 〈골계열전〉에 등장하는 인물들은 대부분 궁정 연예인들인데, 권력자 앞에서도 전혀 주눅 들지 않고 날카로운 풍자와 익살로 충고하는 이들의 모습은 정말 신선하면서도 통쾌하다.

장강 이남의 강대국 초나라 궁정에 우맹(優孟, 배우 맹)이라는 우령이 있었다. 그는 늘 유머와 풍자, 위트와 해학으로 궁궐에 웃음이 넘치게 했다. 어느 날 초나라 장왕(莊王, ?~기원전 591)이 극진히 아끼던 말이 죽었다. 장왕은 너무 슬픈 나머지 좋은 나무로 짠 관을 마련하여 후하게 장례를 치르라는 황당한 명령을 내렸다. 살아서는 마른고기와 대추를 먹고 침대에서 비단 이불을 덮고 자면서 호사를 누리더니 죽어서도 웬만한 사람보다 더 화려한 장례를 받게 되었으니 주위의 불만이 이만저만이 아니었다. 하지만 장왕의 엄명에 누구 하나 감히 입을 열지 못했다.

이때 우맹이 장왕의 집무실로 뛰어들어와 말에게 그런 식의 장례를 치르게 해서는 안 된다고 목청을 높였다. 다들 놀라움과 두려움으로 우맹을 지켜보았다. 장왕의 호통이 떨어질 것이 뻔했기 때문이다. 장왕은 노기 띤 목소리로 우맹의 생각을 물었다. 우맹은 왕께서 얼마나 아끼던 말인데 그렇게 형편없이 장례를 치러서는 안된다면서 나무로 짠 관 대신 대리석을 깎은 석관을 마련하고 주변 제후국에 부고장을 돌려 날 잡아 성대한 장례식을 치러주어야 마땅하다고 했다. 우맹의 어이없는 제안에 모두들 어안이 벙벙해졌다. 분위기는 싸해졌다. 잠시 뒤 우맹은 단호한 목소리로 이렇게 덧붙였다.

"그렇게 해서 우리 왕께서는 사람보다 말을 훨씬 더 아끼신다는 사실을 만천하에 확실하게 알려야 합니다!"

장왕은 "내 잘못이 그렇게 크단 말이냐? 이를 어찌하면 좋겠는가?"라고 물었다. 우맹은 아주 익살맞게 이렇게 답했다.

"가축에 맞게 장사를 치르십시오. 즉, 부뚜막으로 바깥 널을 삼고, 구리로 만든 가마솥을 속 널을 삼으십시오. 생강과 대추를 섞은 뒤 향료를 넣어 쌀로 제사를 지내고, 불빛으로 옷을 입혀서 이를 사람의 창자 속에 장사 지내십시오."

우맹의 말인 즉은 죽은 말을 가마솥에 넣어 향료 등과 함께 삶아 여러 사람들이 나눠 먹게 하라는 뜻이었다. 장왕은 바로 사람들 몰래 죽은 말을 태관에게 처리하게 했다. 이 고사에서 '우맹간장마(優孟諫葬馬)'라는 성어가 탄생했다. '우맹이 말의 장례에 관해 충고하다'는 뜻이다. 그리고 이 성어는 훗날 '어리석은 군주(권력자)를 풍자하는' 전고가 되었다.

악사 우맹은 평소 자신을 존중했던 재상 손숙오(孫叔敖)의 후손들이 손숙오가 세상을 떠난 뒤 생계를 제대로 잇지 못하자 '손숙오 분장을 하고'는 장왕에게 노래를 부르며 이 사실을 알려 손숙오 집안을 돌봐주기도 했다. 여기서 '우맹의 관(優孟衣冠)'이라는 유명한 고사성어가 탄생했다. 사진은 '우맹의관' 고사를 연출한 경극 배우의 모습이다.

우맹은 당대 최고의 권력자 장왕 앞에서 풍자와 유머, 익살과 재치로 장왕의 지나친 처사에 야유를 보냈다. 장왕은 우맹의 충고에 자신의 잘못을 인정하며 허심탄회하게 받아들였다. 그가 괜히 명군이 아니다.

역대로 못난 권력자들은 연예인들의 풍자와 야유에 신경질적으로 반응했고, 심지어 이들을 탄압했다. '연예계 블랙리스트'라는 낯 뜨겁고 부끄러운 우리 시대의 일그러진 모습을 직접 목격한 바 있지 않은가? 우리 시대를 풍미할 진정한 연예인의 모습 뒤로 2,600여 년 전 우맹과 장왕의 호쾌한 웃음소리가 들리는 듯하다.

유머 속에 번득이는 칼날 같은 지혜

'귤화위지(橘化爲枳)' '귤이 회수를 건너면 탱자로 변한다'는 유명한 속담이 있다. 같은 식물이나 사람이라도 풍토와 환경에 따라 달라진다는 의미다. 이 속담에는 재미난 일화가 딸려 있다.

이야기는 2,500여 년 전 춘추시대로 거슬러 올라간다. 당시 제(齊)나라 재상으로 있던 안영(晏嬰, ?~기원전 500년)이 외교 사절로 남방의 강대국 초나라를 방문했다. 초나라 영왕은 왜소하고 못생긴 안영을 깔보고는 고의로 그에게 모욕을 주려고 작정했다.

연회가 시작되고 술이 몇 잔 돌고 있는데 갑자기 주변이 시끄러워지더니 느닷없이 초나라 병사가 오랏줄에 묶인 웬 남자 하나를 끌고 들어오는 것 아닌가? 이야기인 즉은 도둑질을 하다가 잡힌 자인데, 알고 봤더니 제나라 출신이라는 것이었다. 초왕은 거만한 자세로 제나라 사람들은 질이 나쁘다며 경멸의 눈초리로 안영을 노려보았다. 이는 제나라를 대표해서 온 안영과 제나라에 일부러 모욕을 주려고 사전에 짜놓은 각본이 분명했다.

초왕의 천박한 의도를 단번에 간파한 안영은 조금도 당황하지 않고 더할 수 없이 부드러운 목소리로 "귤이 강을 건너면 탱자로 변한다더니, 원래 순박하고 착한 제나라 사람이 초나라에 와서 도둑으로 변했습니다 그려! 초나라의 풍토가 사람을 이렇게 만들다니요?"라고 반박했다.

초왕은 겉으로는 껄껄 웃으며 안영을 칭찬했지만, 속으로는 안영의 통렬한 반박에 속이 뜨끔했다. 안영은 후한 대접을 받고 귀국했다.

참으로 절묘하고도 통쾌한 반박이 아닐 수 없다. 이 일로 안영의 명성은 제후국들 사이에 널리 퍼졌다. 춘추 초기 제나라를 부국강병으로 이끌고 환공을 춘추 5패의 선두주자로 만들었던 명재상 관중(管仲)과 더불어 관중 이후 쇠락을 면치 못했던 제나라를 중흥시킨 또 한 사람의 명재상으로 꼽히는 안영의 외교활동과 관련한 일화였다.

안영에 관한 기초 기록은 《사기》의 〈관안열전〉이다. 춘추시대 제나라의 명재상 관중과 안영을 다룬 열전이다. 이 열전은 관중에 관한 분량이 안영에 비해 훨씬 큰 비중을 차지하고 있지만, 사마천은 마지막 논평에다 "만약 안자(안영)가 지금 살아 있다면, 그를 위해 마부가 되어 채찍을 드는 일이라도 마다하지 않을 정도로 나는 안자를 흠모한다."고 하여 안영에 대한 자신의 존경심을 극적으로 표출하고 있다. 남은 기록에 근거하여 안영의 사람 됨됨이를 풀어서 정리하면 대체로 이랬다.

안영은 제나라에 망한 래(萊)라는 나라의 이유(夷維, 지금의 산동성 고밀현) 지방 출신으로 제나라에서 영공, 장공, 경공 세 국군을 섬겼다(경공을 섬긴 기간이 장장 48년으로 가장 길고 주로 그와 관련된 일화가 《안자춘추晏子春秋》에 잘 실려 있다). 근검절약하고 힘써 일했기 때문에 제나라에서 크게 쓰였다. 재상이 된 뒤에도 식사 때는 고기반찬이 한 가지를 넘지 않았고, 안 사람들에게는 비단옷을 입지 못하게 했다.

안영은 정치가라면 꼭 갖추어야 할 차원 높은 유머의 소유자였다. 무엇보다 그의 언어에는 번득이는 칼날 같은, 하지만 상대의 기분을 직접 상하지 않게 하는 유머 감각이 흘러넘친다. 사진은 제나라의 도성이었던 지금의 산동성 치박시(淄博市) 임치구(臨淄區)에 현존하는 안영의 무덤이다. 무덤 앞에 그의 초상을 새긴 비석이 있다.

임금의 통치가 제대로 시행될 때는 그 명령에 순종했지만 그렇지 않을 경우에는 명령의 옳고 그름을 가려 실행하니, 세 명의 국군을 모시면서 제후들 사이에 명성을 크게 떨쳤다.

안영은 특히 통치자의 그릇된 행동이나 명령을 절묘한 충고로 멈추거나 고치게 만드는데 남다른 능력을 보였다. 가히 '안영의 지혜' 내지 '안자어록'이라고 할 정도로 그의 충고에는 지혜가 충만해 있다. 또 그의 충고는 그 안에 발랄하고 유쾌한 유머와 위트, 그리고 익살이 들어 있어 통치자가 마음 상하지 않고 흔쾌히 충고를 받아들이게 하는 힘이 있었다. 지혜 속에 번득이는 유머 감각이라고도 할 수 있고, 유머 속에 번득이는 지혜의 칼날이라고도 할 수 있다.

정치가의 언어와 유머

언어의 중요성과 가치에 대해서는 남은 기록으로 보더라도 이미 수천 년 전부터 주목해왔음을 알 수 있다. 심지어 '말 한마디로 나라를 흥하게 한다(一言以興邦)'거나 '말 한마디로 나라를 잃는다(一言以喪邦)'고까지 했다(《논어》〈자로〉편).

또 '말 한마디가 가마솥 아홉보다 무겁다(一言九鼎)'거나 '세 치의 혀가 백만 대군보다 강하다(三寸之舌强于百萬之師)'라고도 했다(《사기》〈평원군열전〉).

말로 한 약속의 중요성은 '한 번의 약속이 백금이나 천금보다 더 중요하다'는 '일낙백금(一諾百金)'이니 '일낙천금(一諾千金)'과 같은 성어를 탄생시켰다(《사기》〈계포난포열전〉).

글을 포함한 말의 중요성에 관한 대표적인 명언명구들을 한번 살펴보자. 한나라 때 학자 양웅(揚雄, 기원전 53~18)은 대표적인 저서 《법언(法言)》〈문신(問神)〉편에서 "말은 마음의 소리요(언심성야言心聲也), 글은 마음의 그림(서심화야書心畵也)이다."라는 참으로 기가 막힌 명언을 남겼다.

훗날 서예가들과 학자들은 이 대목을 빌린 다음 한 글자만 바꾸어 '언위심성(言爲心聲), 서위심화(書爲心畵)'로 표현했다. 똑 같은 뜻이다. 양웅은 이 대목 바로 다음에 "소리(말)와 그림을 보면 군자와 소인이 드러난다."고도 했다. 말을 하던 글을 쓰든 진실을 바탕에 두어야 한다는 뜻이다.

전국시대의 사상가 순황(荀況, 기원전 313~기원전 238)은 유가의 사상을 집대성한《순자(荀子)》〈유효(儒效)〉 편에서 "말은 이치에 합당해야 하고, 일은 직무에 합당해야 한다. 군자가 잘하는 바다."라고 했다. 이치에 맞지 않는 말, 자기 능력과 재능에 맞지 않는 일은 인간관계를 어긋나게 만든다. 말에 억지를 부리거나, 맞지 않은 일을 고집하는 사람은 결국 사회의 낙오자로 전락한다. 이치를 떠난 허황된 말들이 판을 치는 현실을 살피고, 말과 이치의 관계를 성찰하는 일이 아주 급하다.

한나라 초기의 천재 정론가이자 불운의 정치가였던 가의(賈誼, 기원전 200~기원전 168)는 자신의 저서《신서(新序)》〈대정(大政)〉 상편에서 "지혜로운 사람은 말과 행동에 신중하다. 그래서 몸에 복을 받는다. 어리석은 자는 말과 행동을 함부로 한다. 그래서 몸을 망친다. 그러므로 군자는 말을 했으면 행동으로 옮겨야 하고, 행동했으면 말로 알려야 한다."고 했다.

이 대목은 번역에 따라 함축하는 뜻이 심장하다. 먼저 '말을 했으면 행동으로 옮길 수 있어야 하고, 행동은 말로 알릴 수 있어야 한다'고 해석할 수 있다. 또 '말은 행동으로 옮길 수 있어야 하고, 행동은 말로 전달할 수 있어야 한다'는 뜻으로 이해할 수도 있다. 즉, '행동으로 옮길 수 있는 말과 말로 전달할 수 있는 행동'을 가리킨다. 상대가 이해하고 인정하여 행동으로 옮길 수 있는 말과, 행동으로 옮겨도 부끄럽지 않을 말에 방점이 찍힌다. 어느 쪽이나 말과 행동의 관계를 심사숙고해서 '언행일치(言行一致)'라는 공통분모가 있다.

위대한 역사가 사마천(司馬遷)은 풍자와 유머로 권력자들에게 충고하거나 갈등과 충돌을 해결한 유머리스트들을 역사서 《사기》에 기록으로 남기는 놀라운 인식을 보여주었다. 바로 〈골계열전(滑稽列傳)〉이다. 이 기록 첫머리에서 사마천은 "담언미중(談言微中), 역가이해분(亦可以解紛)."이라는 천고의 명언을 남겼다. **"말이 미묘(적절)하면 다툼도 해결할 수 있다."**로 풀이된다. 즉, 오가는 말이 적절하면 갈등과 모순, 나아가 싸움도 해결할 수 있다는 뜻이다. 《사기》에는 풍자와 조롱, 해학과 유머가 넘치는 장면들이 많고, 이를 통해 우리는 언어의 묘미를 만끽할 수 있다.

사마천은 궁형이라는 말로 할 수 없는 치욕을 당한 몸이었다. 그럼에도 그는 언어의 중요성을 통찰하고, 나아가 유머로 권력자들

사마천은 '말이 적절하면 다툼도 해결할 수 있다'는 명언으로 언어의 중요성을 정확하게 통찰했다. 사진은 사마천의 고향인 한성시 서촌 마을의 한 민가 벽에 그려져 있는 사마천의 모습이다.

에게 충고한 연예인들의 행적을 〈골계열전〉에 넣었다. 죽음보다 치욕스럽고, 누구보다 슬픈 삶을 살았던 그가 세계 최초로 유머에 관한 글을 남긴 이 아름다운 역설에 늘 감동을 받곤 한다.

정치가의 언어는 심하게 말해 정치가의 생명줄이다. 정치가의 언어, 즉 언격은 정치가의 수준은 물론 인격과 품격까지 나타내는 결정적 요인이다.

앞에서도 몇 차례 말했듯이 정치가의 꾸준한 인문학 공부가 필수인 까닭도 이 때문이다. 그 언어에 삶의 무게와 깊이가 가라앉아 있는 유머까지 장착할 수 있다면 그 정치가의 성공은 물론 정치판의 수준이 한결 높아질 것이다. 오죽했으면 전 세계의 지도자들이 차원 높은 유머 감각을 갖춘다면 전쟁은 없을 것이라는 말까지 나왔을까? 정치가의 언어를 보면 그 정치가가 바로 보인다. 그러기 위해서는 집단지성의 인문학적 소양이 전제되어야 한다.

역사책을 읽는 자가 승리한다!

———

역사는 줄곧 정의를 추구해왔다. 역사는 인간이 걸어야 할 바른길을 제시한다. 그러나 많은 사람들이 이 길을 택하지 않았고, 정의가 아닌 악과 손을 잡거나 타협함으로써 역사에 많은 오점을 남겼다. '역사공부'는 우리가 걸어야 할 바른길을 가리킨다. 독자들의 밝은 눈에 기대어 역사와 정의, 그리고 역사의 진정한 주인공들이 완전히 승리하는 날을 함께 기원해본다.

－김영수(한국사마천학회이사장)

새로 나올 리더십 책

절대 역사서 《사기(史記)》로 배우는 리더십 학습 노트

———

리더십 학습노트
－ 리더십 훈련을 위한 66개의 키워드

———

태어났다고 다 같은 사람이 아니듯,
리더라고 다 같은 리더가 아니다.
노력하고 공부하고 수양하여 사람다운 사람,
덕을 갖춘 리더라야 리더로서 자격을 인정받는 것이다.

| 한국사마천학회이사장 김영수 지음 |

새우와 고래가 함께 숨 쉬는 바다

정치, 역사를 만나다
– 역사에 정도(政道)를 묻다

지은이 | 김영수
펴낸이 | 황인원
펴낸곳 | 도서출판 창해

신고번호 | 제2019-000317호

초판 1쇄 인쇄 | 2024년 10월 10일
초판 1쇄 발행 | 2024년 10월 17일

우편번호 | 04037
주소 | 서울특별시 마포구 양화로 59, 601호(서교동)
전화 | (02)322-3333(代)
팩스 | (02)333-5678
E-mail | dachawon@daum.net

ISBN 979-11-7174-009-3 (03340)

값 · 18,000원

Publishing Club Dachawon(多次元)
창해·다차원북스·나마스테